AI
関連発明の特許明細書の書き方

機械学習の技術的特性に応じた
AI関連発明の類型化と、各類型の
サンプル明細書による実践ガイド

岩田　諭　Satoshi IWATA

発明推進協会

はしがき

　昨今の人工知能（AI）技術の進化は、「第四次産業革命」として社会や産業に大きな変革をもたらし得ると予見されている。特に2022年11月のChatGPTの出現は、より高度な生成モデルの開発や生成モデルを利用した新たなビジネスの創出を加速すると考えられる。このような背景の下、我が国だけでなく世界的にAI関連発明の特許出願が急増している。

　本書では、AI関連発明の特許明細書の書き方について一つのアプローチを提案する。機械学習は、機械学習モデルを訓練・学習するための訓練処理と、訓練済み機械学習モデルを利用して推論・予測を実行する推論処理とから構成される。この技術的特性に応じて、AI関連発明もまた訓練処理と推論処理とのいずれかに特徴を有することが多い。本書では、AI関連発明を訓練処理に関する発明と推論処理に関する発明とに類型化し、各類型に適したクレームと明細書の書き方を提案している。

　また、これら2つの類型に類型化し得ない他のタイプのAI関連発明の研究開発が進展してきた。このうち、前処理に関する発明、データ拡張に関する発明、及びモデルアーキテクチャに関する発明を各類型として追加した。さらに、生成モデルの研究開発が今後ますます進展すると予想され、生成モデルに関する発明の特許出願も増加すると見込まれる。本書では、ChatGPTの利用法などの生成モデルの利用に関する発明を一類型として追加した。そして、各類型に適したクレームと明細書の書き方を提案している。

　本書では、読者の理解・利用に供するため、各類型について汎用的クレームを紹介するとともに、仮想事例を用いたサンプル明細書を提供している。しかしながら、これらは例示的なものであり、実際の案件に応じて適宜修正等されたい。

2024（令和6）年9月

弁理士　岩田　諭

目 次

はしがき

第1章 AI関連発明について …………………………………… 1
1. AI関連発明とは ……………………………………………… 2
2. AI、機械学習及び深層学習について ……………………… 6
3. 機械学習の基礎知識 ………………………………………… 9

第2章 コンピュータソフトウエア関連発明としてのAI関連発明 …… 15
1. コンピュータソフトウエア関連発明について ………………16
2. コンピュータソフトウエア関連発明の特許明細書の書き方 ……17
3. コンピュータソフトウエア関連発明の仮想事例に対する特許明細書 ……29
4. コンピュータソフトウエア関連発明としてのAI関連発明 ………42
5. 非汎用コンピュータによって実現されるAI関連発明 …………46

第3章 AI関連発明の特許明細書作成における基本的な考え方 ……… 49
1. AI関連発明の特許明細書の書き方について ………………50
2. AI関連発明のクレームの記載の仕方に関する基本的な考え方について ……52
3. AI関連発明の実施例の記載の仕方に関する基本的な考え方について ………58
4. 「機械学習モデル」自体のクレームについて …………………61
5. AI関連発明の汎用的な特許明細書 ……………………………68

第4章 AI関連発明の類型化 ……………………………………… 83
1. AI関連発明の類型化について ………………………………84
2. AI関連発明の6つの類型 ……………………………………89

第5章 類型Ⅰ 訓練処理に関する発明 …………………………… 99
1. 訓練処理に関する発明とは …………………………………… 100

2．訓練処理に関する発明のクレームの書き方……………………………… 102
　　3．訓練処理に関する発明の実施例の書き方…………………………………… 112
　　4．訓練処理に関する発明の仮想事例に対する特許明細書………………… 114
　　5．論文発明について……………………………………………………………… 135

第6章　類型Ⅱ　推論処理に関する発明……………………………………… 137
　　1．推論処理に関する発明とは………………………………………………… 138
　　2．推論処理に関する発明のクレームの書き方……………………………… 139
　　3．推論処理に関する発明の実施例の書き方………………………………… 146
　　4．推論処理に関する発明の仮想事例に対する特許明細書………………… 148
　　5．ビジネス関連発明について………………………………………………… 176

第7章　類型Ⅲ　前処理に関する発明………………………………………… 177
　　1．前処理に関する発明とは…………………………………………………… 178
　　2．前処理に関する発明のクレームの書き方………………………………… 180
　　3．前処理に関する発明の実施例の書き方…………………………………… 183
　　4．前処理に関する発明の仮想事例に対する特許明細書…………………… 185

第8章　類型Ⅳ　データ拡張に関する発明…………………………………… 205
　　1．データ拡張に関する発明とは……………………………………………… 206
　　2．データ拡張に関する発明のクレームの書き方…………………………… 208
　　3．データ拡張に関する発明の実施例の書き方……………………………… 211
　　4．データ拡張に関する発明の仮想事例に対する特許明細書……………… 214

第9章　類型Ⅴ　モデルアーキテクチャに関する発明……………………… 233
　　1．モデルアーキテクチャに関する発明とは………………………………… 234
　　2．モデルアーキテクチャに関する発明のクレームの書き方……………… 235
　　3．モデルアーキテクチャに関する発明の実施例の書き方………………… 239
　　4．モデルアーキテクチャに関する発明の仮想事例に対する特許明細書……… 242

第 10 章　類型Ⅵ　生成モデルの利用に関する発明……………………259
　1．生成モデルの利用に関する発明とは…………………………………260
　2．生成モデルの利用に関する発明のクレームの書き方………………261
　3．生成モデルの利用に関する発明の実施例の書き方…………………263
　4．生成モデルの利用に関する発明の仮想事例に対する特許明細書…264

事項索引

あとがき

著者紹介

第1章
AI 関連発明について

1．AI関連発明とは

　昨今の深層学習技術の進化によって、AI（Artificial Intelligence）技術が様々な産業分野において広範に利用されるようになり、社会や産業に大きな影響を与えるようになってきている。特にニューラルネットワーク[1]をベースとした深層学習モデルに関する研究開発の進展は、社会や産業へのAI技術の普及を促進し、企業によるデジタルトランスフォーメーション（DX）の動きを活発化してきた。

　昨今のAIブームを牽引した深層学習モデルの具体例として、畳み込みニューラルネットワーク（CNN：Convolutional Neural Network）[2]とトランスフォーマー（Transformer）[3]が挙げられる。例えば畳み込みニューラルネットワークモデルは、画像認識に大きな成果を発揮している。また、OpenAI[4]によるChatGPT[5]サービスは、トランスフォーマーをベースとしたGPT（Generative Pre-trained Transformer）モデルを利用し、大規模言語処理のための生成モデルとして様々なビジネスに利用されつつある。

　このような深層学習技術の社会や産業への普及は、AI技術を更に進化させるための発明、AI技術を様々な用途に利用するための発明などを促進している。

　日本特許庁へのAI関連発明の出願件数もまた、2010年代後半以降に大きく増加している。特許庁によって公表された時系列の出願件数を示す図1では、2010年代後半以降の国内全体の出願件数は減少傾向にある一方、第三次AIブームによってAI関連発明の出願件数は大幅に増加し続けていることを示す。

1　人間の脳の仕組みから着想を得たもので、脳神経系のニューロンを数理モデル化したものの組合せ。脳機能の特性の幾つかをコンピュータ上で表現するために作られた数学モデルのこと。
2　畳み込みレイヤとプーリングレイヤとを交互に備えたニューラルネットワークモデルであり、特に画像や動画認識に広く使われる。
3　2017年6月12日にGoogleの研究者等が発表した深層学習モデルであり、主に自然言語処理（NLP）の分野で高い処理能力を発揮している。
4　対話型生成AIのChatGPTを提供する米国企業
5　OpenAIが2022年11月に公開した対話型生成AI

第1章　AI関連発明について

　特許庁の「AI関連発明の出願状況調査 報告書（2023年10月）[6]」（5頁）によると、「第三次AIブームが生じた要因は、機械学習における過学習を抑制する手法の開発や、計算機の性能向上とデータ流通量の増加によって、AI関連の理論の実用化が可能になったことであるといわれています。例えば、深層学習の肝である、ニューラルネットの多層化という発想自体は数十年前からありましたが、莫大な計算コストが問題となり、これまで研究が進んでいませんでした。しかし2012年にカナダのトロント大学のチームが、世界的な画像認識のコンテスト『ILSVRC（ImageNet Large Scale Visual Recognition Competition）[7]』において深層学習を使って圧勝したことが一つの契機となり、今に至る第三次AIブームが生じています」と言及している。

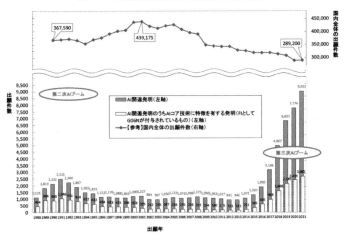

図1　AI関連発明の国内出願件数の推移

出典：特許庁「AI関連発明の出願状況調査 報告書（2023年10月）」4頁

6　https://www.jpo.go.jp/system/patent/gaiyo/sesaku/ai/ai_shutsugan_chosa.html
7　画像認識の精度を競い合う大会のこと。本競技会は、ImageNetと呼ばれるデータセットを使用して行われる。ImageNetは、1000万枚の画像からなり、1000種類の異なるオブジェクトカテゴリを含んでいる。参加チームはこれらの画像を学習し、15万枚のテスト画像でその精度を競う。現在、ILSVRCはほとんどのチームがディープラーニングを使用しており、画像認識における重要な競技会といえる。

図2 G06N（AIコア技術）が付与されている出願件数の推移

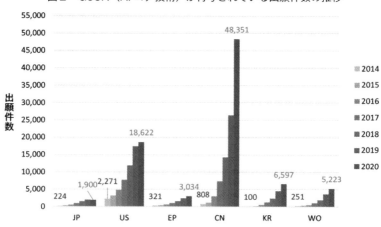

出典：特許庁「AI関連発明の出願状況調査 報告書（2023年10月）」17頁

また、図2に示されるように、このようなAI関連発明の出願件数の増加傾向は、日本だけに限らず、世界的にも同様の傾向を示している。

AI関連発明がどのようなものかについて様々な定義があり得るが、特許庁では、AIコア発明とAI適用発明とを併せたものをAI関連発明として定義している（すなわち、「AI関連発明＝AIコア発明＋AI適用発明」）。

特許庁によると、AIコア発明は、「ニューラルネットワーク、深層学習、サポートベクタマシン[8]、強化学習等を含む各種機械学習技術のほか、知識ベースモデル[9]やファジィ論理[10]など、AIの基礎となる数学的又は統計的な情報処理技術に特徴を有する発明」として定義されている。

また、AI適用発明は、「画像処理、音声処理、自然言語処理、機器制御・ロボティクス、診断・検知・予測・最適化システム等の各種技術に、AIの基礎となる数学的又は統計的な情報処理技術を適用したことに特徴を有する発明」として定義されている。

---

8 教師あり学習のクラス分類と、回帰のできる機械学習モデル
9 知識ベースとして蓄積されたデータを活用した機械学習モデル
10 ファジィ集合から派生した多値論理の一種で、真理値が0から1までの範囲の値をとり、古典論理のように「真」と「偽」という2つの値に限定されない。

第1章　AI関連発明について

図3　AI関連発明の適用範囲

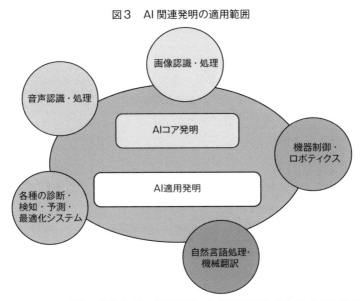

出典：特許庁「AI関連発明の出願状況調査 報告書（2023年10月）」
2頁図1より作成

　上述した定義によると、AI関連発明は図3のようになる。この図から分かるように、AI関連発明は、特定の技術分野に限定して利用されるものではなく、広範な技術分野にわたって広く利用できるものである。

２．AI、機械学習及び深層学習について

　AIに関連して、機械学習及び深層学習という用語が使われることがある。AIという用語は、メディアやビジネス等において使われることが多い。また、機械学習という用語は、研究開発分野や学術分野において多用される傾向がある。さらに、深層学習（ディープラーニング）という用語は、2010年代半ば以降のAIブームの火付け役となった畳み込みニューラルネットワークモデルや、2022年に発表されたOpenAIによるChatGPTを実現するGPTモデルなどの多数のレイヤを含むニューラルネットワークモデルを指すのに使われることが多いと考える。

　これらの用語の定義や使い分けは様々であろうが、AI、機械学習及び深層学習の各用語の意味と相互の関係性について、総務省の「令和元年版情報通信白書[11]」は、以下のように定義している。

図４　AI・機械学習・深層学習の関係

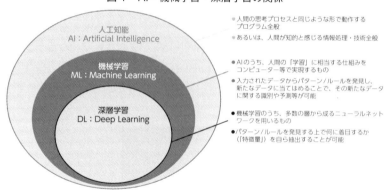

出典：総務省「令和元年版情報通信白書」83頁

　まず、AIについては、「人間の思考プロセスと同じような形で動作するプログラム全般、あるいは、人間が知的と感じる情報処理・技術全般」を指し示す概念として説明している。

11　https://www.soumu.go.jp/johotsusintokei/whitepaper/ja/r01/pdf/index.html

次に、機械学習については、「AIのうち、人間の『学習』に相当する仕組みをコンピューター等で実現するもの」を指し示す概念として、「入力されたデータからパターン／ルールを発見し、新たなデータに当てはめることで、その新たなデータに関する識別や予測等が可能」であると説明している。

最後に、深層学習については、「**機械学習のうち、多数の層から成るニューラルネットワークを用いるもの**」を指し示す概念として、「パターン／ルールを発見する上で何に着目するか（「特徴量」）を自ら抽出することが可能」であると説明している。

上述した用語の定義によると、AIは、「**人間の思考プロセスと同じような形で動作するプログラム全般**」を指し示すものとなり、プログラムを実行可能なコンピュータや機械などによって実現され、人間と同様に何らかの思考を行って動作する任意のプログラムといえるかもしれない。

例えばユーザによる明示的な指示なく自律的に思考・動作するロボットの制御プログラム、人間と同様に感情を備え、これを表現するコンピュータプログラム、美術や音楽などの芸術作品を創作するコンピュータプログラムなどもAIに属すかもしれない。このように、上述した定義によるAIは、かなり広範な概念を含むものである。

一方、現在出願されている多くのAI関連発明は、入力されたデータからパターン／ルールを発見し、新たなデータに当てはめることで、その新たなデータに関する識別や予測等を行う機械学習に属すると考えられる。

すなわち、典型的なAI関連発明は、既知の訓練データを利用して機械学習モデルを訓練・学習・生成する訓練処理と、訓練・学習・生成された機械学習モデルを利用して未知の入力データに対する推論結果を取得する推論処理とから構成される。

ここでの訓練処理は、機械学習における「入力されたデータからパターン／ルールを発見」することに相当し、推論処理は、機械学習における「新たなデータに当てはめることで、その新たなデータに関する識別や予測等」を行うことに相当する。このような理由から、本書におけるAI関連発明も機械学習モデルに着目して説明する。

深層学習は、機械学習のうち、昨今のAIブームにおいて注目されている畳み込みニューラルネットワークやトランスフォーマーなどのニューラルネットワークに関するものである。一方、機械学習には深層学習以外にも様々なアプローチがあり、決定木[12]、サポートベクタマシン[13]なども機械学習に分類される。このため、以降の章において、機械学習モデルという文言は、深層学習モデルに限定されず、決定木、サポートベクタマシンなどの他のタイプの機械学習モデルを包括するものとして用いる。

　近年、画像処理や言語処理に関するAI関連発明が多く出願されており、これらの発明を実施する際には、深層学習モデルが主として利用されることが多い。一方、深層学習モデル以外の機械学習モデルでもAI関連発明を実現することができる場合、AI関連発明を出願するための特許明細書に記載するクレームでは、深層学習モデルやニューラルネットワークモデルの文言でなく、より上位概念としての機械学習モデルの文言を記載することが一般的である。

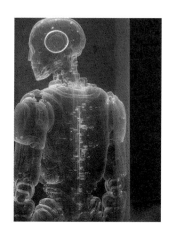

12　決定理論の分野において 決定を行うためのグラフであり、計画を立案して目標に到達するのに用いられる。決定木は、意志決定を助けることを目的として作られる。決定木は木構造の特別な形である。
13　分類や回帰分析に用いられる機械学習アルゴリズムで、最適な分離超平面を求める。

3．機械学習の基礎知識

　ここでは、本書の理解を容易にするため、また、本書で用いる用語や概念を明確にするため、最低限の機械学習の基礎知識を説明する。機械学習や深層学習に関するより詳細及び／又はより専門的な説明は、他の書籍、文献等を参照されたい。

（1）機械学習における学習法

　機械学習については、ⅰ）教師あり学習、ⅱ）教師なし学習、及びⅲ）強化学習の3つの学習法に分類することが一般的である。

　ⅰ）教師あり学習では、訓練対象の機械学習モデルに入力する入力データと、入力データに対して訓練対象の機械学習モデルが出力すべき正解データやアノテーション[14]とを訓練データとして利用し、訓練対象の機械学習モデルを訓練、学習、生成等（以降、「訓練」として総称）する。

　ⅱ）教師なし学習では、正解ラベルやアノテーションのない入力データのみを訓練データとして利用する。教師なし学習は、クラスタリング[15]、主成分分析[16]などが挙げられる。

　ⅲ）強化学習では、ある環境内においてエージェントが現在の状態の下で行動を選択し、環境から報酬を獲得する過程を通じて、報酬が最大となる方策を学習するというものである。

　現在のAI関連発明の出願の大部分が、上記ⅰ）によって訓練対象の機械学習モデルを訓練したり、教師あり学習によって訓練された訓練済み機械学習モデルを利用したりするものに関するものである。したがって、本書では、主として上記ⅰ）による機械学習に着目する。

14　データに対して注釈（タグ、ラベル、メタデータなど）を付与すること。タグ付けされたデータを「教師データ」と呼ぶこともある。
15　データの集合を部分集合（クラスタ）に分割すること。各部分集合に含まれるデータは共通の特徴を有する。
16　多次元データの次元削減手法であり、相関のある多数の変数から少数で全体のばらつきを最もよく表す主成分と呼ばれる変数を合成する多変量解析の一手法のこと。

(2) 教師あり学習

上述したように、機械学習は、基本的に「訓練対象の機械学習モデルを訓練するための訓練処理と、訓練済み機械学習モデルを利用した推論処理」とから構成される。具体的には、まず訓練処理において、訓練データを利用して訓練対象の機械学習モデルを訓練して訓練済み機械学習モデルを取得する。

次に推論処理において、訓練処理で取得した訓練済み機械学習モデルを利用して未知の推論対象データに対する推論結果を取得する。

教師あり学習では、図5に示すように、訓練処理において、訓練データセットから取得した訓練データを訓練対象の機械学習モデルに入力し、訓練対象の機械学習モデルから出力される処理結果と正解ラベルとの誤差に基づいて訓練対象の機械学習モデルを訓練する。訓練処理が終了すると、訓練処理において最終的に取得された訓練済み機械学習モデルを利用して推論処理が実行される。推論処理では推論対象データが訓練済み機械学習モデルに入力され、訓練済み機械学習モデルから推論結果を取得する。

図5　機械学習モデルの訓練処理と推論処理

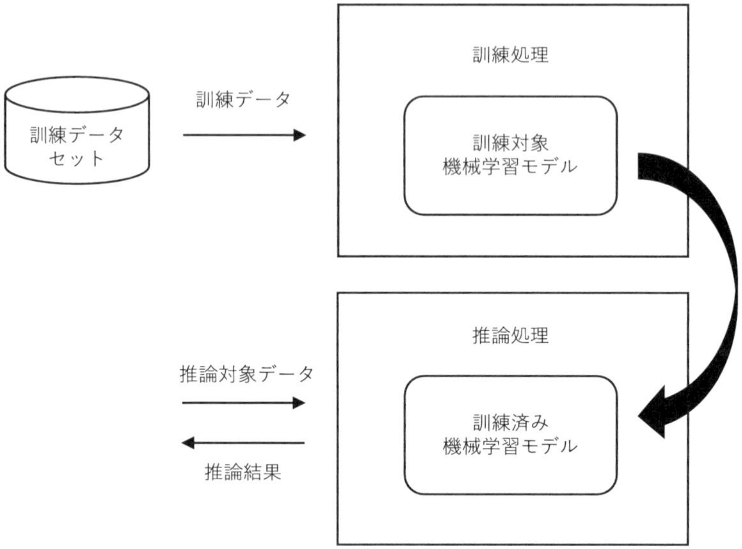

例えば工場で生産された製品の外観を撮像した画像から製品の欠陥を判定する欠陥判定モデルを教師あり学習によって生成するケースを考える。このケースでは、製品の外観を撮像した画像と、当該画像に撮像された製品の欠陥の有無を示す正解ラベルとからなる訓練データを収集し、訓練データの訓練画像を訓練対象の欠陥判定モデルに入力する。

そして、入力した訓練画像に対して訓練対象の欠陥判定モデルから出力された処理結果と当該訓練画像の正解ラベルとの誤差に基づいて訓練対象の欠陥判定モデルのパラメータを調整する。具体的には、欠陥判定モデルが深層学習モデルとして実現される場合、訓練対象の欠陥判定モデルからの処理結果と正解ラベルとの間の誤差に対応して誤差逆伝播法に従って訓練対象の欠陥判定モデルのパラメータを調整する。

例えば所定数の訓練データに対して訓練対象の欠陥判定モデルのパラメータが調整されると訓練処理を終了し、調整されたパラメータによる欠陥判定モデルを訓練済み欠陥判定モデルとして推論処理に利用可能にする。

推論処理では、推論対象の製品の外観を撮像した推論対象画像を訓練済み欠陥判定モデルに入力し、訓練済み欠陥判定モデルから推論結果を取得して推論対象の製品の欠陥の有無を判定する。

(3) 訓練処理と推論処理

このように、機械学習は、「訓練処理と推論処理」という2つの処理から構成される。このため、教師あり学習によるAI関連発明もまた、出願対象の発明の特徴が訓練処理にあるケースと、推論処理にあるケースとに大別され得る。例えば出願対象のAI関連発明が、新規な訓練アルゴリズムに関するものである場合、当該AI関連発明は、訓練処理に特徴を有するものと分類される。

他方、出願対象のAI関連発明が、例えば既知の訓練アルゴリズムに従って、入力データと出力データとの新規な組合せに関して訓練された訓練済み機械学習モデルを利用して推論処理を実行するものである場合、当該AI関連発明は、推論処理に特徴を有するものと分類され得る。

第3章において詳述するように、このような「訓練処理と推論処理」からなるというAI関連発明の技術的特性によって、AI関連発明を特許出願する場合には、出願対象のAI関連発明の特徴部分をクレームに記載したり、明細書に詳細に説明することはもちろんであるが、特徴部分以外の処理に関するクレームも記載したり、明細書に実施例として開示したりすることを検討する必要があると考える。

　以降の章において詳述するが、本書では、出願対象のAI関連発明の特徴が訓練対象の機械学習モデルを訓練する訓練処理に関するものである場合、当該訓練処理に関するクレームと実施例をそれぞれ特許請求の範囲と明細書・図面に記載するだけでなく、当該訓練処理により訓練された訓練済み機械学習モデルを利用した推論処理に関するクレームと実施例もそれぞれ特許請求の範囲と明細書・図面に記載することを提案する。

　他方、出願対象のAI関連発明の特徴が推論処理に関するものである場合、当該推論処理に関するクレームと実施例をそれぞれ特許請求の範囲と明細書・図面に記載するだけでなく、当該推論処理に利用される訓練済み機械学習モデルを生成するため、訓練対象の機械学習モデルをどのように訓練したかについての訓練処理に関するクレームと実施例をそれぞれ特許請求の範囲と明細書・図面に記載することを提案する。

① 　出願対象のAI関連発明が訓練処理に特徴を有する発明の場合

　訓練処理に関するクレームの権利化を図り、訓練処理に関する実施例を明細書に記載するだけでなく、当該訓練処理において取得した訓練済み機械学習モデルを利用した推論処理に関するクレームの権利化を図るとともに、推論処理に関する実施例を明細書に記載する。

② 　出願対象のAI関連発明が推論処理に特徴を有する発明の場合

　推論処理に関するクレームの権利化を図り、推論処理に関する実施例を明細書に記載するだけでなく、当該推論処理において利用する訓練済み機械学習モデルを訓練するための訓練処理に関するクレームの権利化を図るとともに、訓練処理に関する実施例を明細書に記載する。

第 1 章　AI 関連発明について

　AI 関連発明について、訓練処理に関するクレーム及び推論処理に関するクレームをどのように記載すべきか、また、訓練処理に関する実施例及び推論処理に関する実施例をどのように明細書・図面に記載すべきかについて、第 3 章以降でより詳細に説明する。

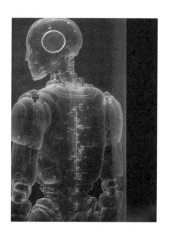

第2章
コンピュータソフトウエア関連発明としてのAI関連発明

1．コンピュータソフトウエア関連発明について

　特許庁によると、コンピュータソフトウエア関連発明は、「**その発明の実施においてソフトウエアを利用する発明**」として定義されている。AI関連発明は、プログラムとして実現される機械学習モデルを汎用コンピュータや処理回路などの計算機が実行することによって実現される。したがって、AI関連発明は、コンピュータソフトウエア関連発明の一種であるとみなすことができる。

　このため、AI関連発明の特許明細書は、コンピュータソフトウエア関連発明の特許明細書の書き方の枠組みにおいて記載することが一般的であると考える。典型的なAI関連発明では、従来のコンピュータソフトウエア関連発明の処理手順における判定処理、変換処理、計算処理等に訓練済み機械学習モデルを利用した推論処理などが用いられる。

　本章では、コンピュータソフトウエア関連発明の特許明細書の書き方を概略することによって、以降の章で説明するAI関連発明の特許明細書の書き方の理解を容易にする。

第2章　コンピュータソフトウエア関連発明としてのAI関連発明

２．コンピュータソフトウエア関連発明の特許明細書の書き方

　以下においてまず、コンピュータソフトウエア関連発明の特許明細書の典型的な記載の仕方を述べる。

　出願対象の発明がコンピュータソフトウエア関連発明であるかどうかにかかわらず、一般に、出願対象の発明の特許明細書を作成する際にはまず、ⅰ）当該発明の特徴を把握する必要がある。そして、出願対象の発明を把握した後、ⅱ）当該発明についてどのような特許権の権利範囲を請求するか、すなわち、クレームをどのように記載するか検討する。そして、当該クレームを権利範囲として請求するため、ⅲ）どのような明細書・図面を記載するか検討する。したがって、コンピュータソフトウエア関連発明の特許明細書を作成する際の手順も以下のようになる。

ⅰ）出願対象の発明の特徴を把握する。
ⅱ）出願対象の発明のクレームをどのように特許請求の範囲に記載するか検討する。
ⅲ）出願対象の発明の実施例をどのように明細書・図面に記載するか検討する。

（１）出願対象の発明の特徴を把握する

　出願対象のコンピュータソフトウエア関連発明の特徴を把握する際、以下の技術的特性を考慮する必要がある。すなわち、コンピュータソフトウエア関連発明において、サーバ、パーソナルコンピュータ、スマートフォン等の情報処理装置は、典型的には以下の基本原理に従って動作する。

図1　コンピュータソフトウエア関連発明の基本原理

入力データ → 情報処理装置（所定の手順） → 出力データ

入力データを所定の手順に従って処理し、当該所定の手順に従って処理された処理結果に基づいて出力データを出力する。

上記の基本原理から、コンピュータソフトウエア関連発明の特徴は、典型的には以下のステップを特定することで把握できると考えられる。
ⅰ）入力データと出力データとが何であるかを把握する。
ⅱ）入力データから出力データをどのような情報処理によって導出できるかを把握する。
ⅲ）当該情報処理にどのような情報が必要であるかを把握する。

以下では、上記ステップⅰ）～ⅲ）について、より詳細に説明する。

① 入力データと出力データとが何であるかを把握する

コンピュータソフトウエア関連発明では、典型的には「**情報処理装置が、入力データを所定の手順に従って処理し、当該所定の手順に従って処理された処理結果に基づいて出力データを出力する**」という動作を実行する。

このため、コンピュータソフトウエア関連発明を特定する際には、以下に図示するように、まず、情報処理装置に入力される入力データと、情報処理装置から出力される出力データとを把握すべきであると考える。

図2　入力データと出力データの特定

入力データ → 情報処理装置 → 出力データ

コンピュータソフトウエア関連発明では、プロセッサによって実行される所定の手順が特徴部分であるケースが一般的であり、所定の手順を詳細に説明する必要がある。したがって、この所定の手順への入力データや所定の手順から最終的に出力される出力データがどのようなものであるかをまず明確にすることが、所定の手順を説明する前提として重要になる。

具体例として、コンピュータを利用して施設内に設置された温度センサからの測定結果に基づいて施設内の空調機器を制御するコンピュータソフトウエア関連発明では、温度センサから取得した温度データが入力データとなり、空調機器の制御信号が出力データとなる。また、他の具体例として、コンピュータを利用して製品の外観からキズ等の不具合の有無を判定する発明では、製品の外観を撮像した画像が入力データとなり、不具合の有無を示す判定結果が出力データとなる。

なお、入力データ及び／又は出力データは、単一のデータであるとは限らず、複数のデータでもよい。

例えば上述した空調機器の具体例における入力データは、温度データだけでなく湿度データを含んでもよい。また、上述した不具合の有無の判定の具体例における出力データは、不具合の有無だけでなく不具合箇所を示す判定結果を示すものであってもよい。

ここで、情報処理装置への入力データは、コンピュータが処理可能なデータ、すなわち、0と1の2進数で記述可能なデジタルデータである必要がある。例えば上述した温度データと画像とは、どちらもコンピュータが処理可能なデジタルデータとして記述可能なことはよく知られており、所定の手順の処理対象として適したものである。

一方、デジタルデータとして表現することが困難であったり、あるいは、どのようなデジタルデータとして表現すべきか想到し得なかったりする情報は、コンピュータが処理可能なデータとみなすことができず、所定の手順の処理対象として適したものでないと考えられる。このため、出願対象のコンピュータソフトウエア関連発明について、入力データを含む処理対象のデータがデジタルデータであることを確認する必要がある。

② 入力データから出力データをどのような情報処理によって導出できるかを把握する

入力データと出力データとが明確になると、次は入力データに対してどのような所定の手順を実行し、出力データを導出するかを把握する必要がある。このような所定の手順は、計算手順又はアルゴリズムと呼ばれる。

具体的には、所定の手順がどのような一連の処理から構成され、各処理がどのように実行されるかを特定する。

　まず、所定の手順がどのような一連の処理から構成されるかについて特定する。例えば所定の手順が「処理＃１～＃Ｎ」から構成されることが特定される。コンピュータソフトウエア関連発明における所定の手順に含まれる処理の具体例として、判定処理、変換処理、演算処理、推論処理等が挙げられる。判定処理では、典型的に判定対象の数値と所定の閾値[1]とが比較され、比較結果に応じて当該判定処理の処理結果が決定される。変換処理では、所定の変換規則に従って変換前のデータが変換後のデータに変換される。演算処理では、所定の関数等に従って引数から演算結果が導出され、推論処理では、訓練済み機械学習モデルを利用して推論対象データから推論結果が導出される。

　次に、「処理＃１～＃Ｎ」がどのような接続関係を有するかについて特定する。例えば接続関係として、「処理＃１～＃Ｎの全て又は一部が直列的に接続されている」「処理＃１～＃Ｎの全て又は一部が並列的に接続されている」などと特定される。

　以下の図では、所定の手順が処理＃１～＃Ｎから構成され、処理＃１～＃Ｎが順次実行される直列的な接続関係によって接続していることが示されている。

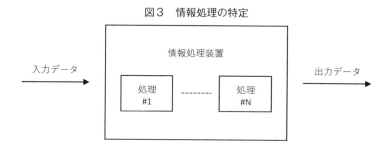

図３　情報処理の特定

1　ある判断を下すための基準点や限界値のこと。閾値は一定の基準を超えた場合にのみ反応や変化が生ずる性質を有し、情報処理や意思決定において重要な役割を果たす。

図示された情報処理装置では、入力データはまず処理＃1に入力され、処理＃1における処理結果に基づいて中間データ＃1が出力される。次に、中間データ＃1が処理＃2に入力され、処理＃2における処理結果に基づいて中間データ＃2が出力される。

以後同様に、処理＃3〜＃Nが順次実行され、最終的に処理＃Nにおける処理結果に基づいて出力データが導出される。最終的に導出された出力データが、情報処理装置の出力データとして出力される。

このようにして、所定の手順がどのような処理から構成されるか、また、各処理がどのような接続関係を有するか特定することによって、入力データから出力データがどのような情報処理によって導出できるかを把握することができる。

③　情報処理にどのような情報が必要であるかを把握する

所定の手順が明確になると、次に、所定の手順の各処理において、当該情報処理装置への入力データと、各処理から導出される中間データ以外に他の情報を必要とするか否かを検討する。ここでは、このような他の情報を「補助的情報」と呼ぶことにする。

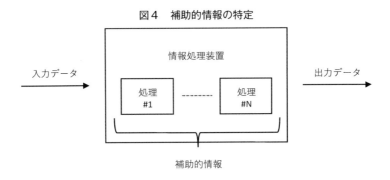

図4　補助的情報の特定

例えば所定の手順に閾値を用いた判定処理が含まれている場合、当該閾値が補助的情報となる。また、所定の手順に変換処理が含まれている場合、変換規則や変換テーブルなどが補助的情報となる。

また、所定の手順に演算処理が含まれている場合、演算処理において用いられる関数などが補助的情報となる。さらに、所定の手順に推論処理が含まれている場合、推論処理に用いられる訓練済み機械学習モデルなどが補助的情報となる。

　所定の手順を実現するため、このような「閾値、変換規則、関数、訓練済み機械学習モデル」等の補助的情報がどのようなもので、どのように取得できるかを把握する必要がある。仮にこれらを特定しない場合、所定の手順が実現できなくなり、出願対象のコンピュータソフトウエア関連発明の実施が困難となり得る。

（２）出願対象の発明のクレームをどのように記載するか検討する

　出願対象のコンピュータソフトウエア関連発明を把握することができると、次に、出願対象のコンピュータソフトウエア関連発明について、どのようなクレームを記載するか検討することになる。

　上述したような典型的なコンピュータソフトウエア関連発明について、所定の手順は、１つ以上の処理から構成され、情報処理装置のプロセッサがメモリに格納されたプログラムを実行することによって実現される。コンピュータソフトウエア関連発明の技術的特性として、発明の特徴部分となる所定の手順は、プロセッサの内部処理として実行され、一般的には外部から観察することは困難である。コンピュータソフトウエア関連発明の大部分のケースでは、外部から観察できるのは入力データと出力データのみとなる。

　このような技術的特性のため、クレームは、権利行使の容易性に鑑みて外部から観察可能な入力データと出力データとによって記載することが望ましい。

　一方、発明該当性を充足するためには、入力データから出力データを導出するための所定の手順をクレームに明示的に記載する必要がある。

　例えば典型的なコンピュータソフトウエア関連発明に係る情報処理装置のクレームは、以下のような汎用的な構成により記載できる。

第2章 コンピュータソフトウエア関連発明としてのAI関連発明

【情報処理装置】
　ⅰ）入力データを取得する取得部と、
　ⅱ）所定の手順に従って前記入力データを処理し、処理結果を導出する処理部と、
　ⅲ）前記処理結果を出力データとして出力する出力部と、
を有する、情報処理装置。

　ここで、取得部、処理部及び出力部の発明特定事項ⅰ）〜ⅲ）は、いずれもプロセッサによって実現される機能的構成であり、上述した情報処理装置のクレームは、これらの機能部によって記載されている。
　一方、米国特許実務では、上述した取得部、処理部及び出力部などの機能部によって記載せず、プロセッサやメモリなどのハードウエアリソースによってクレームを記載することが一般的であり、この場合、情報処理装置は、以下のように記載できる。

【情報処理装置】
　ⅰ）入力データを取得し、
　ⅱ）所定の手順に従って前記入力データを処理し、処理結果を導出し、
　ⅲ）前記処理結果を出力データとして出力する、
プロセッサを有する、情報処理装置。

　ここでは、情報処理装置の汎用的な構成のクレームを記載したが、コンピュータソフトウエア関連発明では、装置クレームとともに、カテゴリ違いのクレームとして方法クレーム及び／又はプログラムクレームの権利化を図ることが多い。例えば方法クレームは、ネットワーク接続された複数のコンピュータによって出願対象の発明が実現されるケースなどに効果的であろう。
　また、プログラムクレームは、出願対象の発明がパーソナルコンピュータ、スマートフォンなどのユーザ端末上にインストールされるアプリケーションなどによって実現されるケースに効果的であると考えられる。

これは、ユーザによるユーザ端末上でのコンピュータソフトウエア関連発明の実施は、「業としての実施」に該当しない可能性があり、ユーザ端末に関する情報処理装置のクレームでは、権利行使が困難となり得る。このような場合のためにも、プログラムクレームの権利化は、出願対象のコンピュータソフトウエア関連発明の保護に効果的であると考えられる。
　例えば情報処理方法やプログラムのクレームは、以下のように記載できる。

【情報処理方法】
　ⅰ）入力データを取得することと、
　ⅱ）所定の手順に従って前記入力データを処理し、処理結果を導出することと、
　ⅲ）前記処理結果を出力データとして出力することと、
をコンピュータが実行する、情報処理方法。

【プログラム】
　ⅰ）入力データを取得することと、
　ⅱ）所定の手順に従って前記入力データを処理し、処理結果を導出することと、
　ⅲ）前記処理結果を出力データとして出力することと、
をコンピュータに実行させる、プログラム。

（3）出願対象の発明の実施例をどのように明細書・図面に記載するか検討する

　次に、コンピュータソフトウエア関連発明の明細書・図面の記載の仕方について述べる。
　特許出願対象の発明について、特許法36条6項1号では、「特許を受けようとする発明が発明の詳細な説明に記載したものであること」（サポート要件）を規定している。

また、同条4項1号では、「経済産業省令で定めるところにより、その発明の属する技術の分野における通常の知識を有する者がその実施をすることができる程度に明確かつ十分に記載したもの」（実施可能要件）として明細書等の記載要件を記載している。換言すると、サポート要件及び実施可能要件を充足するようクレームに記載した発明を明細書及び図面に記載する必要がある。

　上述した情報処理装置、情報処理方法及びプログラムのクレームの権利化を図る場合、コンピュータソフトウエア関連発明では、情報処理装置については、当該情報処理装置のハードウエア構成図及び機能構成図を用意し、情報処理方法については、当該情報処理方法のフローチャートとともに情報処理装置、情報処理方法及びプログラムによる処理や機能等を説明するのに適した図面（画面遷移図など）を用意することが一般的である。そして、これらの図面を参照して情報処理装置、情報処理方法及びプログラムの実施例を明細書に記載する。

　具体的には、情報処理装置がサーバ、パーソナルコンピュータ等の汎用コンピュータとして実現され得る場合、情報処理装置のハードウエア構成図は、図5のような汎用コンピュータのハードウエア構成を記載したものとすることができる。

図5　ハードウエア構成図の一例

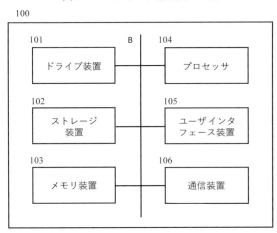

この図5では、情報処理装置100が、ドライブ装置101、ストレージ装置102、メモリ装置103、プロセッサ104、ユーザインタフェース装置105及び通信装置106のハードウエアリソースにより構成されることが示されている。

　明細書には、ハードウエア構成図を参照し、情報処理装置100が、ドライブ装置101、ストレージ装置102、メモリ装置103、プロセッサ104、ユーザインタフェース装置105及び通信装置106のハードウエアリソースから構成されることを記載する。

　一方、情報処理装置の機能構成図については、情報処理装置のクレームに記載された取得部、処理部及び出力部の3つの機能部に対応し、情報処理装置100が取得部110、処理部120及び出力部130の機能構成を備えるものとすることができ、情報処理装置100の機能構成図は、図6のように記載することができる。

図6　機能構成図の一例

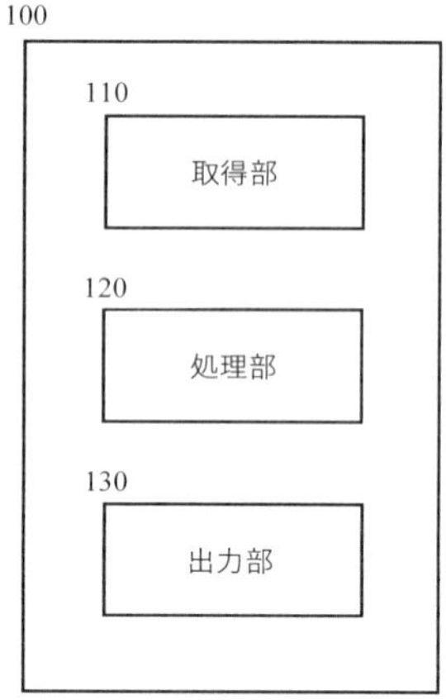

　そして、機能構成図を参照して、情報処理装置100が取得部110、処理部120及び出力部130から構成されることを記載するとともに、各機能部がどのような処理を実行するかを記載する。すなわち、取得部110が「入力データを取得する」こと、処理部120が「所定の手順に従って入力データを処理し、処理結果を導出する」こと、及び出力部130が「処理結果を

出力データとして出力する」ことを記載するとともに、取得部110、処理部120及び出力部130がこれらをどのように処理できるか、明確かつ十分に記載する。

また、情報処理方法のフローチャートについては、例えば図7のように記載できる。

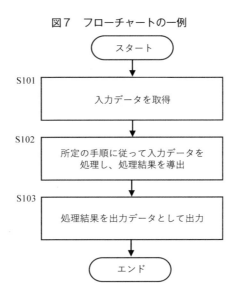

図7　フローチャートの一例

そして、フローチャートを参照し、情報処理方法の動作主体である情報処理装置、コンピュータ又はプロセッサ等が、ステップS101の入力データを取得すること、ステップS102の所定の手順に従って入力データを処理し、処理結果を導出すること、及びステップS103の処理結果を出力データとして出力することを記載する。

さらに、情報処理装置、コンピュータ又はプロセッサ等が各ステップをどのように実行するか、当業者が実施できる程度に明確かつ十分に記載する。

なお、コンピュータソフトウエア関連発明については、他の技術分野に関する発明と顕著に異なる点がある。

すなわち、コンピュータソフトウエア関連発明は、典型的には、コンピュータ内のプロセッサ、メモリ等のハードウエアリソースと、プログラミング言語によって記述されたプログラムとの協働によって実現される。
　このため、外部から観察するのは困難であり、可視的でないという技術的特性を有する。
　このコンピュータソフトウエア関連発明の非可視性が、他の技術分野に関する発明と異なる点であると考えられる。
　このような他の技術分野に関する発明との相違点が、コンピュータソフトウエア関連発明の明細書・図面を記載する上で留意すべき点となる。このような技術的特性に鑑み、コンピュータ関連発明については、出願対象の発明を可能な限り分かりやすく表現した概念図、画面遷移図などの図面を用いて、出願対象の発明を詳細に説明することが重要であると考える。

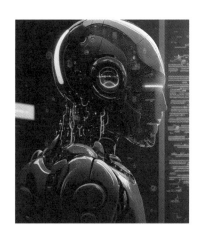

3．コンピュータソフトウエア関連発明の仮想事例に対する特許明細書

コンピュータソフトウエア関連発明について、どのようにクレームを記載するか、また、実施例をどのように記載するかに関する基本的な考え方を述べた。

ここでは、コンピュータソフトウエア関連発明の仮想事例を提示して、上述した基本的な考え方に沿って、この仮想事例についてどのようなクレームを記載できるか、また、どのような明細書・図面を記載すべきかについて述べる。

出願対象のコンピュータソフトウエア関連発明が図8に示すような画像圧縮手法に関する仮想事例を考える。この画像圧縮手法によると、画像圧縮装置が、入力された画像を画像圧縮関数Eによって圧縮し、圧縮データを導出する。

そして、画像圧縮装置は、導出した圧縮データの圧縮率が閾値以上である場合、圧縮データを出力データとして出力する。

他方、導出した圧縮データの圧縮率が閾値未満である場合、画像圧縮装置は、画像圧縮関数Eを用いて圧縮データを再び圧縮し、圧縮データを再び導出する。導出した圧縮データの圧縮率が閾値以上になるまで、画像圧縮装置は当該圧縮処理を繰り返す。

図8　仮想事例の概略図

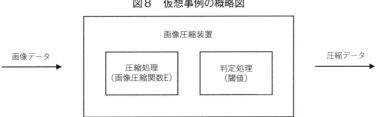

（1）出願対象の発明の特徴を把握する

出願対象のコンピュータソフトウエア関連発明が画像圧縮手法である場合、この仮想事例は、以下のように把握できる。

【仮想事例の把握】
　ⅰ）入力データと出力データとが何であるかを把握する。
　　☞入力データは画像データであり、出力データは圧縮データである。
　ⅱ）入力データから出力データをどのような情報処理によって導出できるかを把握する。
　　☞情報処理は、圧縮処理と判定処理とから構成されると特定される。
　ⅲ）当該情報処理にどのような情報が必要であるかを把握する。
　　☞補助的情報として、圧縮処理には画像圧縮関数Eが必要であり、判定処理には閾値が必要と特定される。

（２）出願対象の発明のクレームをどのように記載するか検討する

　このようにして出願対象のコンピュータソフトウエア関連発明が把握できると、次に把握した発明のクレームを記載する。出願対象の画像圧縮手法に関する画像圧縮装置のクレームは、例えば以下のように記載することができる。

【画像圧縮装置】
　ⅰ）画像データを取得する取得部と、
　ⅱ）画像圧縮関数Eを利用して前記画像データを圧縮し、圧縮データを導出する圧縮部と、
　ⅲ）前記圧縮データの圧縮率が閾値以上である場合、前記圧縮データを処理結果として決定し、前記圧縮データの圧縮率が前記閾値未満である場合、前記圧縮データを圧縮するよう前記圧縮部に指示する判定部と、
　ⅳ）前記処理結果を出力データとして出力する出力部と、
を有する、画像圧縮装置。

また、上述した画像圧縮装置に対応する画像圧縮方法及びプログラムのクレームは、以下のように記載され得る。

【画像圧縮方法】
　ⅰ）画像データを取得することと、
　ⅱ）画像圧縮関数Ｅを利用して前記画像データを圧縮し、圧縮データを導出することと、
　ⅲ）前記圧縮データの圧縮率が閾値以上である場合、前記圧縮データを処理結果として決定し、前記圧縮データの圧縮率が前記閾値未満である場合、前記圧縮データを圧縮することと、
　ⅳ）前記処理結果を出力データとして出力することと、
をコンピュータが実行する、画像圧縮方法。

【プログラム】
　ⅰ）画像データを取得することと、
　ⅱ）画像圧縮関数Ｅを利用して前記画像データを圧縮し、圧縮データを導出することと、
　ⅲ）前記圧縮データの圧縮率が閾値以上である場合、前記圧縮データを処理結果として決定し、前記圧縮データの圧縮率が前記閾値未満である場合、前記圧縮データを圧縮することと、
　ⅳ）前記処理結果を出力データとして出力することと、
をコンピュータに実行させる、プログラム。

（3）出願対象の発明の実施例をどのように明細書・図面に記載するか検討する

　画像圧縮装置、画像圧縮方法及びプログラムのクレームを記載することを決めると、次に、これらのクレームをサポートする実施例をどのように明細書・図面に記載するか検討する。例えば上述したような画像圧縮装置

及び画像圧縮方法の仮想事例について、明細書及び図面は以下のように記載できる。ここでは、画像圧縮装置についてのハードウエア構成図と機能構成図とを用意し、画像圧縮方法についてのフローチャートを用意する。

　さらに、画像圧縮手法を概略的に示す概略図を用意し、出願対象の発明の全体像を表現する。

【書類名】明細書
【発明の名称】画像圧縮装置、画像圧縮方法及びプログラム
【技術分野】
　【0001】
　本発明は、画像圧縮装置、画像圧縮方法及びプログラムに関する。
【背景技術】
　【0002】
　情報通信技術の進化によって、データをより効率的に処理、伝送等するための各種技術が研究開発されてきた。
　　　　　・・・・・・・・・
【先行技術文献】
【特許文献】
　【00XX】
　　【特許文献1】特開20XX-123456号公報
【発明の概要】
【発明が解決しようとする課題】
　【00XX】
　本発明の課題は、所定の圧縮率以上を実現する画像圧縮技術を提供することである。
【課題を解決するための手段】
　【00XX】
　本発明の一態様は、画像データを取得する取得部と、画像圧縮関数Eを利用して前記画像データを圧縮し、圧縮データを導出する圧縮部と、前記圧縮データの圧縮率が閾値以上である場合、前記圧縮データを処理結果と

して決定し、前記圧縮データの圧縮率が前記閾値未満である場合、前記圧縮データを圧縮するよう前記圧縮部に指示する判定部と、前記処理結果を出力データとして出力する出力部と、を有する、画像圧縮装置に関する。
【発明の効果】
【00XX】
　本発明によると、所定の圧縮率以上を実現する画像圧縮技術を提供することができる。
【図面の簡単な説明】
【00XX】
　【図1】本発明の一実施例による画像圧縮手法を示す概略図である。
　【図2】本発明の一実施例による画像圧縮装置のハードウエア構成を示すブロック図である。
　【図3】本発明の一実施例による画像圧縮装置の機能構成を示すブロック図である。
　【図4】本発明の一実施例による画像圧縮方法を示すフローチャートである。
【発明を実施するための形態】
【00XX】
　以下、図面を参照して本開示の実施の形態を説明する。
【00XX】
　［概略］
　以下の実施例による画像圧縮手法を概略すると、図1に示されるように、画像圧縮装置100は、入力データとして画像データを受け付けると、まず圧縮ステップにおいて、画像圧縮関数Eを用いて入力された画像データを圧縮する。次に、画像圧縮装置100は、判定ステップにおいて、圧縮ステップで導出した圧縮データの圧縮率を算出し、算出した圧縮率が所定の閾値以上であるか否か判定する。
【00XX】
　算出した圧縮率が所定の閾値以上である場合、画像圧縮装置100は、導出した圧縮データが十分圧縮されていると判定し、圧縮データを出力データとして出力する。他方、算出した圧縮率が所定の閾値未満である場合、画

像圧縮装置100は、導出した圧縮データが十分圧縮されていないと判定し、圧縮ステップに戻って、画像圧縮関数Eを用いて圧縮データを更に圧縮する。このようにして、圧縮率が所定の閾値以上になるまで、画像圧縮装置100は、圧縮ステップにおいて導出した圧縮データを更に圧縮することを繰り返す。
【00XX】
　これにより、後述される画像圧縮装置100によると、入力された画像データを確実に所定の圧縮率以上に圧縮することができる。
【00XX】
　ここで、画像圧縮装置100は、サーバ、パーソナルコンピュータ（PC）、スマートフォン、タブレット等の計算装置によって実現されてもよく、例えば図2に示されるようなハードウエア構成を有してもよい。すなわち、画像圧縮装置100は、バスBを介し相互接続されるドライブ装置101、ストレージ装置102、メモリ装置103、プロセッサ104、ユーザインタフェース（UI）装置105及び通信装置106を有する。
【00XX】
　画像圧縮装置100における各種機能及び処理を実現するプログラム又は指示は、CD-ROM（Compact Disk-Read Only Memory）、フラッシュメモリ等の着脱可能な記憶媒体に格納されてもよい。当該記憶媒体がドライブ装置101にセットされると、プログラム又は指示が記憶媒体からドライブ装置101を介しストレージ装置102又はメモリ装置103にインストールされる。ただし、プログラム又は指示は、必ずしも記憶媒体からインストールされる必要はなく、ネットワークなどを介しいずれかの外部装置からダウンロードされてもよい。
【00XX】
　ストレージ装置102は、ハードディスクドライブなどによって実現され、インストールされたプログラム又は指示とともに、プログラム又は指示の実行に用いられるファイル、データ等を格納する。
【00XX】
　メモリ装置103は、ランダムアクセスメモリ、スタティックメモリ等によって実現され、プログラム又は指示が起動されると、ストレージ装置

102 からプログラム又は指示、データ等を読み出して格納する。ストレージ装置 102、メモリ装置 103 及び着脱可能な記憶媒体は、非一時的な記憶媒体（non-transitory storage medium）として総称されてもよい。

【00XX】

プロセッサ 104 は、1つ以上のプロセッサコアから構成され得る1つ以上の CPU（Central Processing Unit）、GPU（Graphics Processing Unit）、処理回路（processing circuitry）等によって実現されてもよく、メモリ装置 103 に格納されたプログラム、指示、当該プログラム若しくは指示を実行するのに必要なパラメータなどのデータ等に従って、画像圧縮装置 100 の各種機能及び処理を実行する。

【00XX】

ユーザインタフェース（UI）装置 105 は、キーボード、マウス、カメラ、マイクロフォン等の入力装置、ディスプレイ、スピーカー、ヘッドセット、プリンタ等の出力装置、タッチパネル等の入出力装置から構成されてもよく、ユーザと画像圧縮装置 100 との間のインタフェースを実現する。例えばユーザは、ディスプレイ又はタッチパネルに表示された GUI（Graphical User Interface）をキーボード、マウス等を操作し、画像圧縮装置 100 を操作してもよい。

【00XX】

通信装置 106 は、外部装置、インターネット、LAN（Local Area Network）、セルラーネットワーク等の通信ネットワークとの有線及び／又は無線通信処理を実行する各種通信回路により実現される。

【00XX】

しかしながら、上述したハードウエア構成は単なる一例であり、本発明による画像圧縮装置 100 は、他のいずれか適切なハードウエア構成により実現されてもよい。

【00XX】

[画像圧縮装置]

次に、本発明の一実施例による画像圧縮装置 100 を説明する。図3は、本発明の一実施例による画像圧縮装置 100 の機能構成を示すブロック図

である。図3に示されるように、画像圧縮装置100は、取得部110、圧縮部120、判定部130及び出力部140を有する。取得部110、圧縮部120、判定部130及び出力部140の各機能部は、画像圧縮装置100のメモリ装置103に格納されているコンピュータプログラムがプロセッサ104によって実行されることによって実現されてもよい。

【00XX】
取得部110は、画像データを取得する[2]。具体的には、取得部110は、ユーザによって圧縮対象として指定された画像データを取得し、取得した画像データを圧縮部120に渡す。

・・・・・・・・[3]

【00XX】
圧縮部120は、画像圧縮関数Eを利用して画像データを圧縮し、圧縮データを導出する[4]。具体的には、取得部110から圧縮対象の画像データを取得すると、圧縮部120は、画像圧縮関数Eの引数として画像データを入力し、画像圧縮関数Eから出力された圧縮データを取得する。

【00XX】
ここで、画像圧縮関数Eは、以下の式によって表現される。

・・・・・・・・[5]

【00XX】
判定部130は、圧縮データの圧縮率が閾値以上である場合、当該圧縮データを処理結果として決定し、圧縮データの圧縮率が閾値未満である場合、当該圧縮データを圧縮するよう圧縮部120に指示する[6]。具体的には、

---

2 請求項1の「画像圧縮装置」の「画像データを取得する取得部」に対応する文言を記載する。
3 「取得部」による処理を実施可能な程度に記載する。
4 「画像圧縮装置」の「画像圧縮関数Eを利用して前記画像データを圧縮し、圧縮データを導出する圧縮部」に対応する文言を記載する。
5 「圧縮部」による処理を実施可能な程度に記載する。
6 「画像圧縮装置」の「前記圧縮データの圧縮率が閾値以上である場合、前記圧縮データを処理結果として決定し、前記圧縮データの圧縮率が前記閾値未満である場合、前記圧縮データを圧縮するよう前記圧縮部に指示する判定部」に対応する文言を記載する。

判定部130は、圧縮部120から取得した圧縮データの圧縮率を算出し、算出した圧縮率が所定の閾値以上であるか否か判定する。
・・・・・・・・・[7]

【00XX】

出力部140は、処理結果を出力データとして出力する[8]。すなわち、圧縮率が所定の閾値以上となった圧縮データを閾値判定部130から取得すると、出力部140は、取得した圧縮データを画像圧縮装置100の出力データとして出力する。
・・・・・・・・・[9]

【00XX】

上述した画像圧縮装置100によると、入力された画像データを確実に所定の圧縮率以上に圧縮することができる。

【00XX】

［画像圧縮方法］

次に、本発明の一実施例による画像圧縮方法を説明する。図4は、本発明の一実施例による画像圧縮方法を示すフローチャートである。当該画像圧縮方法は、上述した画像圧縮装置100によって実現されてもよい。具体的には、画像圧縮装置100のメモリ装置103に格納されているプログラムがプロセッサ104によって実行されることによって実現されてもよい。

【00XX】

図4に示されるように、ステップS101において、画像圧縮装置100は、画像データを取得する[10]。
・・・・・・・・・[11]

【00XX】

---

[7] 「判定部」による処理を実施可能な程度に記載する。
[8] 「画像圧縮装置」の「前記処理結果を出力データとして出力する出力部」に対応する文言を記載する。
[9] 「出力部」による処理を実施可能な程度に記載する。
[10] 請求項2の「画像圧縮方法」の「画像データを取得すること」に対応する文言を記載する。
[11] 「画像データを取得すること」の処理を実施可能な程度に記載する。

ステップS102において、画像圧縮装置100は、画像圧縮関数Eを利用して画像データを圧縮し、圧縮データを導出する[12]。
・・・・・・・・・[13]

【00XX】
ステップS103において、画像圧縮装置100は、導出した圧縮データの圧縮率が所定の閾値以上であるか判定する[14]。具体的には、画像圧縮装置100は、導出した圧縮データの圧縮率を算出し、算出した圧縮率が所定の閾値以上であるか判定する。算出した圧縮率が所定の閾値以上である場合（S103：YES）、画像圧縮装置100は、ステップS104に移行する。他方、算出した圧縮率が所定の閾値未満である場合（S103：NO）、画像圧縮装置100は、ステップS102に戻り、導出した圧縮データを更に圧縮する。すなわち、圧縮データの圧縮率が所定の閾値以上になるまで、画像圧縮装置100は、画像圧縮関数Eを利用して圧縮データを圧縮し続ける。
・・・・・・・・・[15]

【00XX】
ステップS104において、画像圧縮装置100は、導出した圧縮データを出力データとして出力する[16]。
・・・・・・・・・[17]

【00XX】
上述した画像圧縮方法によると、入力された画像データを確実に所定の

---

12 「画像圧縮方法」の「画像圧縮関数Eを利用して前記画像データを圧縮し、圧縮データを導出すること」に対応する文言を記載する。
13 「画像圧縮関数Eを利用して前記画像データを圧縮し、圧縮データを導出すること」の処理を実施可能な程度に記載する。
14 「画像圧縮方法」の「前記圧縮データの圧縮率が…前記圧縮データを圧縮すること」に対応する文言を記載する。
15 「前記圧縮データの圧縮率が…前記圧縮データを圧縮すること」の処理を実施可能な程度に記載する。
16 「画像圧縮方法」の「前記処理結果を出力データとして出力すること」に対応する文言を記載する。
17 「前記処理結果を出力データとして出力すること」の処理を実施可能な程度に記載する。

圧縮率以上に圧縮することができる。
　【00XX】
　　以上、本開示の実施例について詳述したが、本開示は上述した特定の実施形態に限定されるものではなく、特許請求の範囲に記載された本開示の要旨の範囲内において、種々の変形・変更が可能である。
【符号の説明】
　【00XX】
　　100　画像圧縮装置
　　110　取得部
　　120　圧縮部
　　130　判定部
　　140　出力部

【書類名】特許請求の範囲
【請求項１】
　　画像データを取得する取得部と、
　　画像圧縮関数Ｅを利用して前記画像データを圧縮し、圧縮データを導出する圧縮部と、
　　前記圧縮データの圧縮率が閾値以上である場合、前記圧縮データを処理結果として決定し、前記圧縮データの圧縮率が前記閾値未満である場合、前記圧縮データを圧縮するよう前記圧縮部に指示する判定部と、
　　前記処理結果を出力データとして出力する出力部と、
　　を有する、画像圧縮装置。
【請求項２】
　　画像データを取得することと、
　　画像圧縮関数Ｅを利用して前記画像データを圧縮し、圧縮データを導出することと、
　　前記圧縮データの圧縮率が閾値以上である場合、前記圧縮データを処理結果として決定し、前記圧縮データの圧縮率が前記閾値未満である場合、前記圧縮データを圧縮することと、

前記処理結果を出力データとして出力することと、
をコンピュータが実行する、画像圧縮方法。
【請求項3】
　画像データを取得することと、
　画像圧縮関数Eを利用して前記画像データを圧縮し、圧縮データを導出することと、
　前記圧縮データの圧縮率が閾値以上である場合、前記圧縮データを処理結果として決定し、前記圧縮データの圧縮率が前記閾値未満である場合、前記圧縮データを圧縮することと、
　前記処理結果を出力データとして出力することと、
をコンピュータに実行させる、プログラム。

【書類名】要約書
【要約】
【課題】所定の圧縮率以上を実現する画像圧縮技術を提供することである。
【解決手段】本発明の一態様は、画像データを取得する取得部と、画像圧縮関数Eを利用して前記画像データを圧縮し、圧縮データを導出する圧縮部と、前記圧縮データの圧縮率が閾値以上である場合、前記圧縮データを処理結果として決定し、前記圧縮データの圧縮率が前記閾値未満である場合、前記圧縮データを圧縮するよう前記圧縮部に指示する判定部と、前記処理結果を出力データとして出力する出力部と、を有する、画像圧縮装置に関する。
【選択図】図1
【図1】

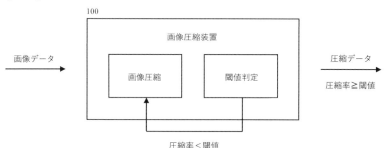

【図2】

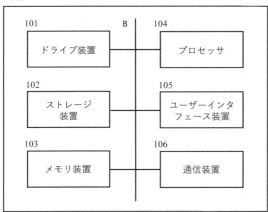

【図3】

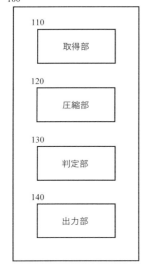

【図4】

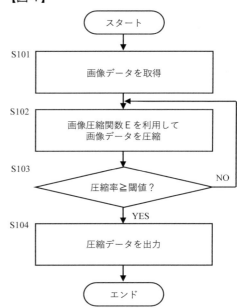

4．コンピュータソフトウエア関連発明としてのAI関連発明

　AI関連発明の典型的な利用形態では、サーバ、パーソナルコンピュータ等の汎用コンピュータがAI関連発明の実行主体となり、上述したコンピュータソフトウエア関連発明の情報処理の一部に機械学習モデルが利用されるケースが考えられる。

　上述したコンピュータソフトウエア関連発明の捉え方に関連して述べると、AI関連発明では、以下に示すように、情報処理装置によって実行される所定の手順に推論処理が含まれ、当該推論処理における補助的情報として訓練済み機械学習モデルが利用される。

図9　推論処理を実行する情報処理装置

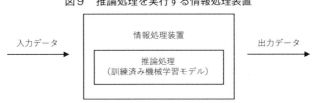

　例えば上述したコンピュータソフトウエア関連発明における所定の手順に判定処理が含まれる場合、判定処理で用いられる補助的情報は閾値であり、明細書には当該閾値としてどのような値が用いられるか記載することになる。

　また、所定の手順に変換処理が含まれる場合、変換処理で用いられる補助的情報は変換規則であり、明細書には当該変換規則としてどのような規則が用いられるか記載することになる。

　なお、所定の手順に演算処理が含まれる場合、演算処理で用いられる補助的情報は関数であり、明細書には当該関数としてどのような関数が用いられるか記載することになる。

　一方、AI関連発明では、所定の手順に訓練済み機械学習モデルを利用した推論処理が含まれるが、推論処理で用いられる補助的情報は訓練済み機械学習モデルであり、明細書には当該訓練済み機械学習モデルとして、どのような機械学習モデルを用いるかを記載することになる。

しかしながら、閾値、変換規則、関数等と異なり、機械学習モデルが深層学習モデルによって実現される場合、深層学習モデルはブラックボックスとなっており、その内部構成を明示的に記載することは困難であるケースが多い。

第1章の機械学習の基礎で述べたように、機械学習では、訓練処理において、訓練対象の機械学習モデルを訓練して訓練済み機械学習モデルを取得し、推論処理において、訓練済み機械学習モデルを利用するという技術的特性がある。

すなわち、まず訓練処理において、訓練データセットを利用して訓練対象の機械学習モデルが訓練される。そして、訓練処理で訓練された訓練済み機械学習モデルが、推論処理において利用される。

AI関連発明に関するクレームと実施例とは、コンピュータソフトウエア関連発明と同様の枠組みにおいて記載することが可能である一方、訓練処理において訓練対象の機械学習モデルが訓練され、推論処理において訓練済み機械学習モデルが利用されるという機械学習の技術的特性を考慮し、AI関連発明に関するクレームと実施例とが記載される。

図10　コンピュータソフトウエア関連発明とAI関連発明との関係

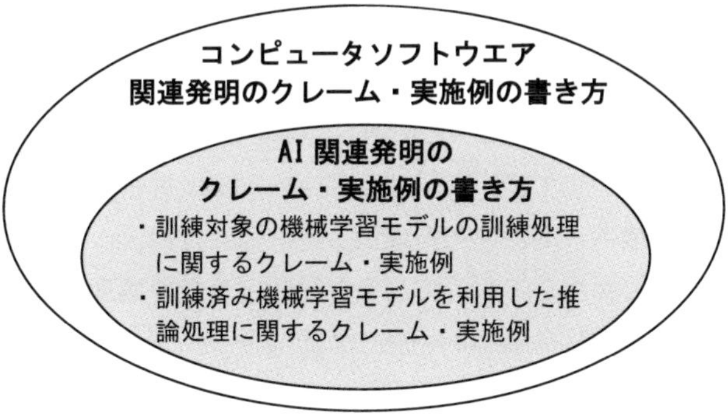

コンピュータソフトウエア
関連発明のクレーム・実施例の書き方
AI関連発明の
クレーム・実施例の書き方
・訓練対象の機械学習モデルの訓練処理に関するクレーム・実施例
・訓練済み機械学習モデルを利用した推論処理に関するクレーム・実施例

例えば製品の外観を撮像した画像から製品の欠陥有無を判定するよう訓練された訓練済み欠陥有無判定モデルを利用した欠陥判定装置について、以下のように当該AI関連発明を把握できる。

【仮想事例の特徴の把握】
ⅰ）入力データと出力データとが何であるかを把握する。
☞入力データは画像データであり、出力データは判定結果である。
ⅱ）入力データから出力データをどのような情報処理によって導出できるかを把握する。
☞情報処理は、欠陥有無判定処理から構成されると特定される。
ⅲ）当該情報処理にどのような情報が必要であるかを把握する。
☞欠陥有無判定処理には訓練済み欠陥有無判定モデルが必要であると特定される。

図11　訓練済み欠陥有無判定モデルを利用した欠陥判定装置

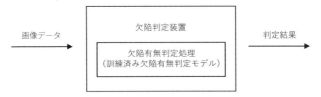

　そして、クレームについては、欠陥判定装置クレーム、欠陥判定方法クレーム及び／又はプログラムクレームをクレームカテゴリとして、入力データから出力データを導出するための所定の手順をクレームに記載する。
　明細書・図面については、欠陥判定装置のハードウエア構成図として汎用コンピュータのハードウエア構成図と、欠陥判定装置の機能構成図とを用意し、これらの図面を参照して当該欠陥判定装置の実施例を明細書に記載する。当該欠陥判定装置は、汎用コンピュータとして実現されるため、そのハードウエア構成図は、上述したような汎用コンピュータのハードウエア構成を用いることができる。
　また、欠陥判定装置クレームの機能部に対応して機能構成図を用意できる。さらに、欠陥判定方法のフローチャートを用意し、このフローチャートを参照して当該欠陥判定方法の実施例を明細書に記載する。

第 2 章　コンピュータソフトウエア関連発明としての AI 関連発明

　第 3 章以降において、このような AI 関連発明に特有の技術的特性に対応して AI 関連発明をどのようにクレーム及び明細書等に記載すべきかについて、より詳細に説明する。

5．非汎用コンピュータによって実現されるAI関連発明

　ここまで、サーバ、パーソナルコンピュータ等の汎用コンピュータによって実現されるAI関連発明に着目したが、AI関連発明は、必ずしも汎用コンピュータによって実現されるものに限定されない。例えば汎用コンピュータ以外の各種装置、機器等に搭載された電子回路が訓練済み機械学習モデルを利用してAI関連発明を実現するケースもある。AI技術の進化によって、IT業界だけでなく、製造業やサービス業などの非IT業界にもAI技術が利用されるようになってきている。第1章において説明したように、AI技術は、音声認識・処理、画像認識・処理、機器制御・ロボティクス、自然言語処理・機械翻訳、各種の診断・検知・予測・最適化システムなどの広範な技術分野に及ぶ。

　AI関連発明が非IT業界で利用される場合、AI関連発明は、汎用コンピュータ以外のマイクロコントローラ等の電子回路、処理回路、特定用途向け回路（ASIC）等によって実現され得る。このような非汎用コンピュータによって実現されるAI関連発明についても、上述したコンピュータソフトウエア関連発明の特許明細書の書き方の枠組みを援用できる。

　すなわち、汎用コンピュータによって実現されるコンピュータソフトウエア関連発明では、装置のハードウエア構成図は、汎用コンピュータのハードウエア構成を示すものであった。一方、非汎用コンピュータによって実現されるAI関連発明では、装置のハードウエア構成図は、汎用コンピュータ以外の電子回路、処理回路、ASIC等を搭載した装置のハードウエア構成を示すものとなり得る。

　汎用コンピュータと車両やロボット等とは、装置全体としては全く異なる構成を備えるが、AI関連発明を実質的に実現するハードウエア構成として、プロセッサや電子回路等を備える点では共通している。

　したがって、汎用コンピュータ以外の電子回路等によって実現される車両やロボット等に関するAI関連発明では、そのハードウエア構成図が、電子回路等を搭載した車両やロボット等に置き換わる点を除き、機能構成図やフローチャートは汎用コンピュータによって実現されるコンピュータソフトウエア関連発明やAI関連発明と同様のものとなり得る。

第2章　コンピュータソフトウエア関連発明としてのAI関連発明

(1) AI関連発明の自動車への適用

　現在、自動車の自動運転に関する研究開発が積極的に進められている。AI技術は、自動運転を実現するための主要な要素技術の一つであり、自動運転の普及が進展するに従って、自動車のソフトウエア化は今後ますます進むことになると予想される。ソフトウエア化された自動車では、マイクロコントローラを搭載した多数のECU（Electronic Control Unit）[18]が車両内に設けられ、これらのECUが車両を電子制御している。すなわち、自動運転などのためのAI関連発明の自動車への適用は、汎用コンピュータでなくECUなどのマイクロコントローラによって実現される。

　ECUへの入力データは、例えば車両に搭載された各種センサから収集されたセンサデータであり、ECUからの出力データは、例えば当該ECUの制御対象のパーツ（エンジンなど）に対する制御信号などである。

　汎用コンピュータによって実現されるAI関連発明では、汎用コンピュータのプロセッサが入力データに対する処理を実行して処理結果を導出する一方、ECUによって実現されるAI関連発明では、ECUのマイクロコントローラが訓練済み機械学習モデルを利用して、センサデータに対する推論処理を実行して制御信号を導出する。

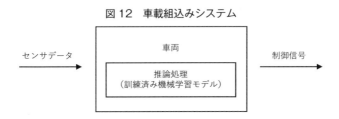

図12　車載組込みシステム

　このように、ECUによって実現されるAI関連発明では、汎用コンピュータのハードウエア構成図の代わりに、ECUを備えた車両のハードウエア構成図が用いられる。

18　システムを電子回路を用いて制御する装置（ユニット）の総称。主に自動車に搭載されるものを指す。現在では大半にマイクロコントローラ（マイコン）が搭載されている。

他方、車両に搭載されたECUの機能構成図は、汎用コンピュータとして実現される情報処理装置のものと同様とすることができ、また、車両又はECUにより実行される車両制御方法のフローチャートは、情報処理方法のものと同様とすることができる。

（2）AI関連発明のロボットへの適用
　AI技術が利用される他の例として、ロボットが挙げられる。人手不足などによって、物流施設内などで物品を搬送する物流ロボットの導入が積極的に進められている。物流ロボットは、内部に搭載されたマイクロコントローラ及び／又は物流施設に設置されたサーバなどの制御の下、訓練済み機械学習モデルを利用して物品の搬送作業を実行する。

　すなわち、物流ロボットの制御のためのAI関連発明は、ロボットに通信接続されたサーバ等の汎用コンピュータだけでなく、ロボット内部に搭載されたマイクロコントローラによって実現され得る。

　マイクロコントローラへの入力データは、例えばロボット内外に搭載された各種センサから収集されたセンサデータであり、マイクロコントローラからの出力データは、当該ロボットのパーツ（モータやロボットアームなど）に対する制御信号などである。

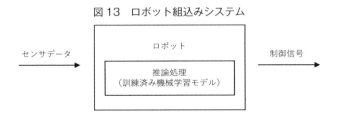

図13　ロボット組込みシステム

　このように、汎用コンピュータによって実現されるAI関連発明では、汎用コンピュータのプロセッサが入力データに対する処理を実行して処理結果を導出する一方、ロボットのマイクロコントローラによって実現されるAI関連発明では、マイクロコントローラが訓練済み機械学習モデルを利用してセンサデータに対する推論処理を実行して制御信号を導出する。

第3章
AI関連発明の特許明細書作成における基本的な考え方

1．AI関連発明の特許明細書の書き方について

　第1章の機械学習の基礎知識で述べたように、AI関連発明の基礎となる機械学習は、訓練処理と推論処理との2つの主要な処理から構成される。

　具体的には、まず訓練処理において、AI関連発明の主要な構成要素となる訓練対象の機械学習モデルが訓練、学習、生成等（以下、「訓練」として総称）される。そして、訓練処理で取得した訓練済み機械学習モデルが、推論処理において利用されることになる。

　本章では、このような機械学習の技術的特性に鑑み、どのようなクレームを記載すべきか、また、どのような実施例を明細書に記載すべきかなど、AI関連発明に関する特許明細書の書き方の基本的な考え方を述べる。

　本書では、以下の基本的な考え方に沿ってクレームと実施例とを記載することを提案する。

　　ⅰ）訓練処理に関するクレームと、推論処理に関するクレームとを「分けて」記載する。
　　ⅱ）訓練処理に関する実施例と、推論処理に関する実施例とを「分けて」記載する。

　AI関連発明の特許明細書作成の基本的な考え方として、まず、特許請求の範囲に記載するクレームについて、訓練処理に関するクレームと、推論処理に関するクレームとを「分けて」記載することを提案する。

　これは、訓練装置、訓練方法及び訓練プログラムなどの訓練処理に関するクレームと、推論装置、推論方法及び推論プログラムなどの推論処理に関するクレームとをそれぞれ別々の独立形式のクレームとして記載することを意味する。

　換言すると、例えば訓練処理に関する発明特定事項と推論処理に関する発明特定事項とを併せ備えるクレームを記載する代わりに、訓練処理に関する発明特定事項のみを備える訓練装置等のクレームと、推論処理に関する発明特定事項のみを備える推論装置等のクレームとを別々に記載するということである。

また、明細書に記載する実施例についても、訓練処理に関する実施例と、推論処理に関する実施例とを「分けて」記載することを提案する。

　これは、訓練処理と推論処理とが混在した実施例でなく、訓練処理に関する実施例と、推論処理に関する実施例とをそれぞれ明確に分けて個別に記載することが適切だと考えるからである。

　このようなAI関連発明の特許明細書の作成に関する基本的な考え方に基づいて、AI関連発明の特許明細書をどのように作成するかについて、以降において詳しく述べる。

　また、AI関連発明のクレームについては、上述した訓練処理に関するクレームと推論処理に関するクレームに加えて、最近、機械学習モデル自体のクレームを記載する事例が増えている。このような機械学習モデル自体のクレームについて、どのように記載すべきかについても説明する。

2．AI関連発明のクレームの記載の仕方に関する基本的な考え方について

ここでは、AI関連発明に関するクレームとして、訓練対象の機械学習モデルを訓練するための訓練処理に関するクレームと、訓練済み機械学習モデルを利用して推論処理を実行するための推論処理に関するクレームとを分けて記載することについて述べる。

さらに、訓練装置、訓練方法及び訓練プログラムの訓練処理に関するクレームと、推論装置、推論方法及び推論プログラムの推論処理に関するクレームとの汎用的なクレーム構成について述べる。

（1）訓練処理に関するクレームと推論処理に関するクレームとを分けて記載

AI関連発明をどのようなクレームによって記載すべきであろうか。第1章で述べたように、AI関連発明の主要な構成要素となる機械学習モデルは、訓練データセットを利用して訓練対象の機械学習モデルを訓練する訓練処理と、訓練処理において訓練された訓練済み機械学習モデルを利用して推論処理を実行する推論処理との2つの処理を通じて生成及び利用される。

このような機械学習の技術的特性に起因して、本書では、AI関連発明もまた、訓練処理に関するクレームと、推論処理に関するクレームとに分けて権利化を図ることを提案する。

例えば出願対象のAI関連発明が訓練処理に特徴がある場合、訓練装置、訓練方法及び訓練プログラムなどの訓練処理に関するクレームによって、出願対象のAI関連発明を記載することが適切であると考える。

具体的には、出願対象の発明が、より高精度な機械学習モデルを生成するための新規な訓練アルゴリズムに関するものである場合、この訓練アルゴリズムに従って訓練対象の機械学習モデルを訓練する訓練装置、訓練方法及び訓練プログラムなどを、出願対象のAI関連発明のクレームとすることができる。

他方、出願対象の AI 関連発明が推論処理に特徴がある場合、推論装置、推論方法及び推論プログラムなどの推論処理に関するクレームによって、出願対象の AI 関連発明を記載することが一般的であると考える。

具体的には、出願対象の AI 関連発明が、ニューラルネットワークモデルに対する誤差逆伝播法[1]などの周知な訓練アルゴリズムによって訓練された訓練済み機械学習モデルを利用する一方、訓練済み機械学習モデルに対する入力データと出力データとの関係性（組合せ）が新規なものである場合、このような訓練済み機械学習モデルを利用して推論処理を実行する推論装置、推論方法及び推論プログラムなどを、出願対象の AI 関連発明のクレームとすることができる。

このように、AI 関連発明を訓練処理に関するクレームと推論処理に関するクレームとに分けて記載することを述べたが、AI 関連発明の訓練処理と推論処理とは、技術的観点からは一体不可分なものであり、訓練処理と推論処理とを併せ備えたクレームが妥当であるという考え方もあり得る。

しかしながら、より広範な特許権の取得という観点からいうと、訓練処理と推論処理とを併せ備えたクレームは、基本的には余り適切ではないと考える。なぜなら、訓練処理の発明特定事項と推論処理の発明特定事項との双方を包含したクレームでは、訓練処理と推論処理との一方のみ実施する行為が特許権の権利範囲から外れてしまうためである。

また、実際の AI 関連発明の実施では、機械学習モデルを生成・開発する主体と、生成・開発された機械学習モデルを利用する主体とは必ずしも同一であるとは限らない。実務上、機械学習モデルの生成・開発は IT ベンダーや AI ベンダーが担当し、生成・開発された機械学習モデルの利用は事業会社等が行うなどのケースが典型的であると考える。

これは、機械学習モデルの生成・開発には、機械学習に関するアカデミックな知識や機械学習モデルを開発・運用するための専門知識などの高度な

---

1 ニューラルネットワークの学習アルゴリズムである。誤差が出力ノードから後方のノードへと伝播してパラメータが調整される。

スキルが必要とされるケースが多く、ITベンダーやAIベンダーによって生成・開発された機械学習モデルを利用する事業会社が、自らこのような機械学習モデルを生成・開発するのは困難なことが多いためである。機械学習モデルを生成・開発する主体と、生成・開発された機械学習モデルを利用する主体とが同一でない場合、訓練処理と推論処理とを併せ備えたクレームによる特許権は、クレームの構成要件充足に関するシングルエンティティルール[2]の下では権利行使が困難となり得る。

さらに、訓練処理と推論処理とを併せ備えたクレームによる特許権では、権利範囲を意図的に回避するため、第三者が訓練処理又は推論処理の一方しか実施しないようにすることも考えられる。

このような理由から、本書では、AI関連発明を記載するためのクレームとして、「訓練処理に関するクレームと、推論処理に関するクレームとを分けて記載する」という基本的な考え方を提案し、この基本的な考え方に沿ってAI関連発明のクレーム作成について説明していく。

図1　AI関連発明のクレームの基本的な考え方

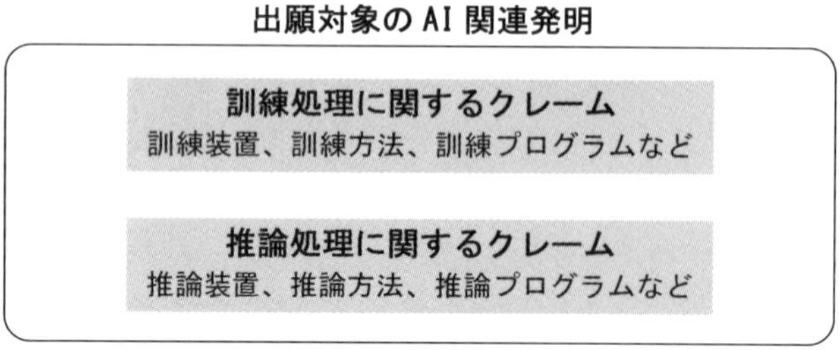

出願対象のAI関連発明

訓練処理に関するクレーム
訓練装置、訓練方法、訓練プログラムなど

推論処理に関するクレーム
推論装置、推論方法、推論プログラムなど

ここで、「訓練処理に関するクレームと、推論処理に関するクレームとを分けて記載する」とは、具体的にどのようなことかというと、出願対象のAI関連発明のうち、訓練処理に着目した独立形式のクレーム（訓練装置、訓練方法、訓練プログラムなど）と、推論処理に着目した独立形式のクレー

---

[2] 特許権侵害は、特許の全構成を単一（同一）の主体が実施している場合に成立するというルールのこと。特許権侵害かどうかを判断する要件の一つ。

ム（推論装置、推論方法、推論プログラムなど）とをそれぞれ記載するということである。

例えば出願対象の AI 関連発明を装置クレームとして記載する場合、訓練装置と推論装置とを別々の独立形式のクレームとして記載するということである。

換言すると、出願対象の AI 関連発明について、訓練対象の機械学習モデルを訓練する訓練部と、訓練部によって訓練された訓練済み機械学習モデルを利用して推論処理を実行する推論部との双方の構成要素を併せ備える単一の装置クレームとして記載するのでなく、訓練装置と推論装置とをそれぞれ独立形式のクレームとして記載するということである。

（2）訓練処理に関するクレームと推論処理に関するクレームとの汎用的なクレーム構成

例えば AI 関連発明の訓練装置、訓練方法及び訓練プログラムのクレームは、以下のような汎用的なクレーム構成として記載できる。

【訓練装置】
 ⅰ）訓練データと正解ラベルとを含む訓練データセットを取得する取得部と、
 ⅱ）前記訓練データを訓練対象モデルに入力し、前記訓練対象モデルから処理結果を取得する処理部と、
 ⅲ）前記正解ラベルと前記処理結果との誤差に基づいて前記訓練対象モデルを訓練する訓練部と、
を有する、訓練装置。

【訓練方法】
　ⅰ）訓練データと正解ラベルとを含む訓練データセットを取得することと、
　ⅱ）前記訓練データを訓練対象モデルに入力し、前記訓練対象モデルから処理結果を取得することと、
　ⅲ）前記正解ラベルと前記処理結果との誤差に基づいて前記訓練対象モデルを訓練することと、
　をコンピュータが実行する、訓練方法。

【訓練プログラム】
　ⅰ）訓練データと正解ラベルとを含む訓練データセットを取得することと、
　ⅱ）前記訓練データを訓練対象モデルに入力し、前記訓練対象モデルから処理結果を取得することと、
　ⅲ）前記正解ラベルと前記処理結果との誤差に基づいて前記訓練対象モデルを訓練することと、
　をコンピュータに実行させる、訓練プログラム。

　一方、例えば推論装置、推論方法及び推論プログラムのクレームは、以下のような汎用的なクレーム構成として記載できる。

【推論装置】
　ⅰ）推論対象データを取得する取得部と、
　ⅱ）前記推論対象データを訓練済みモデルに入力し、前記訓練済みモデルから推論結果を取得する処理部と、
　を有し、
　ⅲ）前記訓練済みモデルは、訓練データに対する訓練対象モデルの処理結果と正解ラベルとの誤差に基づいて訓練されている、推論装置。

【推論方法】
　ⅰ）推論対象データを取得することと、
　ⅱ）前記推論対象データを訓練済みモデルに入力し、前記訓練済みモデルから推論結果を取得することと、
　をコンピュータが実行し、
　ⅲ）前記訓練済みモデルは、訓練データに対する訓練対象モデルの処理結果と正解ラベルとの誤差に基づいて訓練されている、推論方法。

【推論プログラム】
　ⅰ）推論対象データを取得することと、
　ⅱ）前記推論対象データを訓練済みモデルに入力し、前記訓練済みモデルから推論結果を取得することと、
　をコンピュータに実行させ、
　ⅲ）前記訓練済みモデルは、訓練データに対する訓練対象モデルの処理結果と正解ラベルとの誤差に基づいて訓練されている、推論プログラム。

　本書では、出願対象のAI関連発明が訓練処理と推論処理のいずれの処理に特徴があるかなどに基づいてAI関連発明を類型化し、各類型に対してどのようなクレームが適切であるか説明する。

３．AI関連発明の実施例の記載の仕方に関する基本的な考え方について

　ここでは、AI関連発明に関する実施例として、訓練対象の機械学習モデルを訓練するための訓練処理に関する実施例と、訓練済み機械学習モデルを利用して推論処理を実行するための推論処理に関する実施例とを「分けて」記載することについて述べる。さらに、訓練処理に用いられる訓練データに関する留意点について述べる。

（１）訓練処理に関する実施例と推論処理に関する実施例とを分けて記載

　クレームについては、訓練処理に関するクレームと、推論処理に関するクレームとを分けて記載することを提案した。では、明細書・図面においてAI関連発明を説明する実施例については、どのように記載することが適切であろうか。

　本書では、明細書に記載する実施例もクレームの基本的な考え方と同様に、「訓練処理に関する実施例と、推論処理に関する実施例とを『分けて』記載する」ことが適切であると考える。

　これは、訓練処理に関するクレームをサポートする訓練処理に関する実施例と、推論処理に関するクレームをサポートする推論処理に関する実施例とを個別に記載することが、クレームのサポートの明確化の観点から適切であると考えるためである。

　すなわち、訓練処理に関する実施例と、推論処理に関する実施例とが混在して明細書に記載された場合、出願対象のAI関連発明の機械学習モデルがどのような訓練処理によって訓練されたか、また、どのような訓練処理によって訓練された機械学習モデルが推論処理に利用されているか、明細書から判然としない事態が生ずる可能性がある。

　例えば推論処理に用いられる機械学習モデルがどのような訓練処理によって訓練されたか明細書に開示することなく、当該機械学習モデルを利用した推論処理が記載されるなどという事態が生じ得る。この場合、どのように訓練されたか不明な機械学習モデルの存在を前提とした推論処理が

明細書に記載されることとなり、開示が不十分であるとして実施可能要件違反が指摘されるおそれがある。

このような事態を回避するため、本書では、訓練処理に関する実施例と、推論処理に関する実施例についても、分けて明細書及び図面に記載することを提案する。

ここで、訓練処理によって訓練された機械学習モデルを推論処理において利用するという順序に鑑みると、まず、訓練処理に関する実施例を明細書に記載する。その後に、当該訓練処理によって訓練された機械学習モデルを用いてどのように推論するかを説明する推論処理に関する実施例を明細書に記載することが自然であると考える。

例えば訓練処理について訓練装置と訓練方法とのクレームを記載し、推論処理について推論装置と推論方法とのクレームを記載する場合、明細書では訓練装置に関する実施例と訓練方法に関する実施例とを明細書に個別に記載し、更に推論装置に関する実施例と推論方法に関する実施例とを明細書に個別に記載するようにしてもよいと考える。

以降の章においては、出願対象のAI関連発明が訓練処理と推論処理のいずれの処理に特徴があるかなどに基づいてAI関連発明を類型化し、各類型に対してどのような実施例が適切であるかについて説明する。

（2）AI関連発明の実施例に関する留意点

AI関連発明の実施例を記載する際、考慮すべき幾つかの留意点がある。

第1の留意点として、機械学習モデルの入力データと出力データとの間に何らかの関係性の存在が推認できることが必要とされる。このような関係性の存在が一般的には明らかでない場合、実施例において入力データと出力データとの間に関係性が存在することを説明する必要がある。

例えば機械学習モデルが製品の外形の欠陥の有無を判定する欠陥有無判定モデルであるとする。欠陥有無判定モデルの入力データとして製品の外観を撮像した画像が利用され、出力データとして欠陥の有無を示す判定結果が利用される場合、製品の外観の画像と欠陥の有無を示す判定結果との間に関係性があることは明らかであると考える。

他方、欠陥有無判定モデルの入力データとして製品の製造時のテレビの番組データが利用され、出力データとして欠陥の有無を示す判定結果が利用される場合、製造時のテレビの番組データと欠陥の有無を示す判定結果との間の関係性の存在は一般的には認め難い。

　一方、製造時の番組データと製品の欠陥の有無を示す判定結果との間に従来は不明であった関係性があると判明した場合、関係性があることを実施例において明らかにする必要がある。

　機械学習モデルは、入力データと出力データとの間に存在する関係性を訓練・推論するものであり、訓練対象の機械学習モデルは、訓練データを利用してこのような関係性を推論するよう訓練される。このため、機械学習モデルを訓練する際に用いる訓練データについてもまた、入力データと出力データとの間に関係性の存在が必要とされる。関係性の存在が認められない入力データと出力データとを訓練データとして利用しても、有用な機械学習モデルを訓練・生成することは困難である。

　したがって、AI関連発明の実施例を記載する際には、訓練対象の機械学習モデルを訓練するための訓練データについても、入力用の訓練データと出力用の訓練データとの間に何らかの関係性が推認できる訓練データを用いる必要がある。

　第2の留意点として、このような訓練データをどのように入手・作成できるか、実施例において説明する必要があると考える。すなわち、入力用の訓練データと出力用の訓練データとの間に何らかの関係性があることが推認できたとしても、そのような訓練データが具体的にどのように入手できるか明らかでない場合、訓練処理に関する実施例は机上の空論となり、発明が実施できないとして実施可能要件違反が指摘される可能性もある。このため、訓練対象の機械学習モデルを訓練・生成するのに用いられる訓練データが、どのように入手・作成できるか明細書に記載する必要があると考える。

　なお、訓練データの入手・作成の仕方が特段不明なものでない場合には、訓練データをどのように入手・作成するかについて明細書に開示しなくてもよいと考える。

4.「機械学習モデル」自体のクレームについて

　AI関連発明のクレームについて、訓練処理に関するクレームと、推論処理に関するクレームとを分けて記載することは上述した。具体的には、訓練処理に関するクレームとして、訓練装置、訓練方法及び訓練プログラムを記載し、推論処理に関するクレームとして、推論装置、推論方法及び推論プログラムを記載することについて述べた。

　このような訓練処理に関するクレームと推論処理に関するクレームとに加えて、機械学習モデル自体のクレームを記載することを提案する。特許法2条3項1号では、「プログラムは物の発明である」と規定されている。

　また、特許庁による審査基準等では、プログラムだけでなく、プログラムに実質的に相当するモデル自体もクレームとして記載することが認められている。実際、特許庁の審査でも機械学習モデル自体のクレームについて特許性が認められる事例が出てきている。機械学習モデル自体のクレームの権利化を図ることは、権利行使の観点からも効果的であると考える。例えば機械学習モデルの開発主体であるAIベンダーやITベンダーなどにとっては、その成果物である機械学習モデル自体の特許権は、訓練装置、訓練方法及び訓練プログラムなどの訓練処理に関するクレームとともに価値あるものになると考えられる。

図2　機械学習モデルの訓練・利用

　では、このような機械学習モデルのクレームは、どのように記載すべきであろうか。

コンピュータソフトウエア関連発明であるかどうかにかかわらず、一般的には、特許請求の範囲に記載されるクレームは、クレームに係る装置や方法の構成要素によって記載される。

　具体的には、装置クレームであれば、当該装置を構成する部品やパーツなどのハードウエア構成、機能部やソフトウエアモジュールなどの機能的構成などの構成要素によって記載するのが一般的である。方法クレームでは、当該方法を構成する工程、ステップなどの構成要素によって記載される。

　しかしながら、昨今注目されているニューラルネットワークなどの深層学習モデルについては、よく知られているように、その内部構成はブラックボックスとなっている。このため、深層学習モデルのクレームを内部構成（すなわち、深層学習モデルのモデルアーキテクチャ[3]やパラメータなど）によって記載することが困難であるケースが多いと考える。

　また、仮に深層学習モデルをその内部構成によって記載できたとしても、同様の機能を実現する異なる内部構成を備えた深層学習モデルを比較的容易に生成することができる。例えば製品の外観を撮像した画像を入力データとし、欠陥の有無を示す判定結果を出力データとする深層学習モデルを開発したとする。

　この深層学習モデルのクレームを、当該深層学習モデルのモデルアーキテクチャとパラメータ値との内部構成によって記載した場合、欠陥有無判定という同じ機能を実現し得るにもかかわらず、異なるモデルアーキテクチャ及び／又はパラメータ値によって構成される深層学習モデルは、クレームの権利範囲外となってしまうであろう。

　一般に、同一の機能を有する深層学習モデルは、N層の中間レイヤから構成することも可能であり、あるいは、M層（N≠M）の中間レイヤから構成することも可能である。また、異なるパラメータ値から構成することも可能であるのは当業者によく知られた事実である。

3　様々な機械学習手法に対応してコンピュータによって実行される機械学習モデルの構成のこと。

図3 異なるモデルアーキテクチャの深層学習モデル

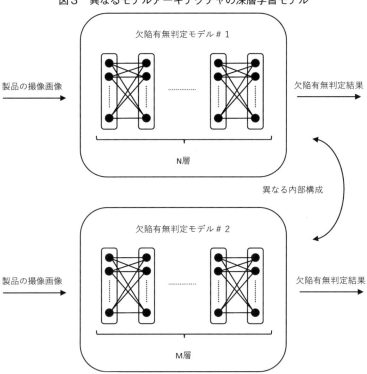

　したがって、出願対象のAI関連発明を機械学習モデルの内部構成によって記載した場合、当該機械学習モデルを効果的に保護することができない可能性がある。

　では、深層学習モデルなどの機械学習モデルをその内部構成ではなく、どのように記載すべきかというと、「**機械学習モデルをどのように訓練・生成したか**」によって記載するのが一つのアプローチとして考えられる。

　機械学習モデルをどのように訓練・生成するかという観点から当該機械学習モデルを特定することは、機械学習の分野の当業者に一般的に行われている。これは、機械学習モデルの内部構成に相違があったとしても、同一の訓練処理によって訓練・生成された機械学習モデルは、おおむね同様の機能を実現すると考えられるためである。

特許庁は、AI関連発明を審査する際の記載要件及び進歩性についての判断のポイントを示すため、ウェブサイトで「AI関連技術に関する特許審査事例について」[4]を作成・公表している。その中の「AI関連技術に関する事例について」[5]では、「学習済みモデル」のクレームカテゴリが発明該当性を有するクレームとして紹介されている（〔事例2-14〕宿泊施設の評判を分析するための学習済みモデル）。

　特許法2条3項1号では、物の発明にプログラム等が含まれることが規定されている。そして、ソフトウエア関連発明の審査基準によると、「請求項の末尾が『プログラム』以外の用語（例えば、「モジュール」、「ライブラリ」、「ニューラルネットワーク」、「サポートベクターマシン」、「モデル」）であっても、明細書及び図面の記載並びに出願時の技術常識を考慮すると、請求項に係る発明が『プログラム』であることが明確な場合は、『プログラム』として扱われる」ことが記載されている。

　したがって、機械学習モデルがプログラムであることが明確な場合、機械学習モデルをプログラムクレームとして記載すること、また、機械学習モデル自体を特許請求の範囲に記載することが可能であると考える。

　〔事例2-14〕では、どのような学習済みモデルが発明該当性を有していると考えられているのかについて、以下のようなクレームを紹介している。

〔事例2-14〕
ⅰ) 宿泊施設の評判に関するテキストデータに基づいて、宿泊施設の評判を定量化した値を出力するよう、コンピュータを機能させるための学習済みモデルであって、
ⅱ) 第1のニューラルネットワークと、前記第1のニューラルネットワークからの出力が入力されるように結合された第2のニューラルネットワークとから構成され、

4　https://www.jpo.go.jp/system/laws/rule/guideline/patent/ai_jirei.html
5　https://www.jpo.go.jp/system/laws/rule/guideline/patent/document/ai_jirei/jirei.pdf

> ⅲ）前記第1のニューラルネットワークが、少なくとも1つの中間レイヤのニューロン数が入力レイヤのニューロン数よりも小さく、かつ、入力レイヤと出力レイヤのニューロン数が互いに同一であり各入力レイヤへの入力値と各入力レイヤに対応する各出力レイヤからの出力値とが等しくなるように重み付け係数が学習された特徴抽出用ニューラルネットワークのうちの入力レイヤから中間レイヤまでで構成されたものであり、
> ⅳ）前記第2のニューラルネットワークの重み付け係数が、前記第1のニューラルネットワークの重み付け係数を変更することなく、学習されたものであり、
> ⅴ）前記第1のニューラルネットワークの入力レイヤに入力された、宿泊施設の評判に関するテキストデータから得られる特定の単語の出現頻度に対し、前記第1及び第2のニューラルネットワークにおける前記学習済みの重み付け係数に基づく演算を行い、前記第2のニューラルネットワークの出力レイヤから宿泊施設の評判を定量化した値を出力するよう、
> コンピュータを機能させるための学習済みモデル。

　上記クレームでは、以下の発明特定事項ⅰ）〜ⅴ）が記載されていると考えられる。まず、発明特定事項ⅰ）では、当該クレームがコンピュータを機能させるための学習済みモデルに関するものであると明示することによって、学習済みモデルがプログラム等に該当するものであることを記載している。

　次に、発明特定事項ⅱ）では、学習済みモデルの構成、すなわち、モデルアーキテクチャが記載されている。具体的には、学習済みモデルが、第1のニューラルネットワークと第2のニューラルネットワークとから構成されることを記載している。

　次に、発明特定事項ⅲ）では、第1のニューラルネットワークのモデルアーキテクチャと、それの重み付け係数がどのように訓練・学習されているかについて記載している。

次に、発明特定事項ⅳ）では、第２のニューラルネットワークの重み付け係数がどのように訓練・学習されているかについて記載している。

　最後に、発明特定事項ⅴ）では、学習済みモデルが第１のニューラルネットワークの入力レイヤに宿泊施設の評判に関するテキストデータを入力として受け付けること、第２のニューラルネットワークの出力レイヤから宿泊施設の評判を定量化した値を出力することを実行するようコンピュータを機能させることを記載している。すなわち、学習済みモデルの推論処理を記載している。

　まとめると、発明特定事項ⅰ）では、学習済みモデルがプログラム等に該当するものであることを記載している。そして、発明特定事項ⅱ）～ⅳ）では、学習済みモデルが２つのニューラルネットワークから構成され、その重み付け係数がどのように訓練・学習されるかを記載している。さらに、発明特定事項ⅴ）では、学習済みモデルがどのような入力からどのような出力をするかの推論処理を記載している。

　このように、機械学習モデル自体のクレームは、当該機械学習モデルがプログラム等に該当すること、当該機械学習モデルがどのようなモデルアーキテクチャから構成されたり、どのように訓練・生成されたりするか、また、当該機械学習モデルがどのように推論処理で利用されるかなどの観点から記載できる。

　これらに鑑み、機械学習モデルは、典型的に以下のように記載することができると考える。

【機械学習モデル】
　ⅰ）推論対象データを取得することと、
　ⅱ）前記推論対象データに対する推論結果を出力することと、
をコンピュータに実行させる機械学習モデルであって、
　ⅲ）前記機械学習モデルは、訓練データに対する訓練対象モデルの
　　　処理結果と正解ラベルとの誤差に基づいて訓練されている、機
　　　械学習モデル。

ここに記載した機械学習モデルは、深層学習モデルを含む各種機械学習モデルを教師あり学習によって訓練した訓練済み機械学習モデルの汎用的なクレーム構成となっている。

　発明特定事項ⅰ）及びⅱ）は、機械学習モデルがどのように推論処理で利用されるかに関するものである。すなわち、機械学習モデルが推論対象データに対してどのように推論処理を実行するかについて記載している。

　発明特定事項ⅲ）は、機械学習モデルがどのように訓練対象モデルから訓練・生成されたかについて、すなわち、訓練対象モデルに入力された訓練データに対応する正解ラベルと、訓練対象モデルの処理結果との間の誤差が算出され、算出された誤差に基づいて訓練対象モデルが訓練されるなど、訓練対象モデルをどのように訓練するかについて記載している。

　以降の章において、出願対象のAI関連発明を訓練装置などの訓練処理に関するクレームや推論装置などの推論処理に関するクレームだけでなく、機械学習モデル自体のクレームとして記載することについても適宜説明する。

5．AI 関連発明の汎用的な特許明細書

　AI 関連発明について、クレームをどのように記載するか、また、実施例をどのように記載するかに関する基本的な考え方を述べた。ここでは、この基本的な考え方に沿って、AI 関連発明の汎用的な特許明細書を提示する。

【書類名】明細書
【発明の名称】訓練装置、訓練方法、訓練プログラム、推論装置、推論方法、推論プログラム及び機械学習モデル
【技術分野】
　【0001】
　本発明は、訓練装置、訓練方法、訓練プログラム、推論装置、推論方法、推論プログラム及び機械学習モデルに関する。
【背景技術】
　【0002】
　昨今の深層学習技術の進化によって、様々な技術分野に機械学習技術が活用されている。
　　　　　　　　・・・・・・・・・
【先行技術文献】
【特許文献】
　【00XX】
　【特許文献1】特開20XX-123456号公報
【発明の概要】
【発明が解決しようとする課題】
　【00XX】
　本発明の課題は、機械学習モデルを利用して推論処理を実行するための技術を提供することである。
【課題を解決するための手段】
　【00XX】

本発明の一態様は、訓練データと正解ラベルとを含む訓練データセットを取得する取得部と、前記訓練データを訓練対象モデルに入力し、前記訓練対象モデルから処理結果を取得する処理部と、前記正解ラベルと前記処理結果との誤差に基づいて前記訓練対象モデルを訓練する訓練部と、を有する、訓練装置に関する。

【00XX】
　本発明の他の態様は、推論対象データを取得する取得部と、前記推論対象データを訓練済みモデルに入力し、前記訓練済みモデルから推論結果を取得する処理部と、を有し、前記訓練済みモデルは、訓練データに対する訓練対象モデルの処理結果と正解ラベルとの誤差に基づいて訓練されている、推論装置に関する。

【00XX】
　本発明の更なる他の態様は、推論対象データを取得することと、前記推論対象データに対する推論結果を出力することと、をコンピュータに実行させる機械学習モデルであって、前記機械学習モデルは、訓練データに対する訓練対象モデルの処理結果と正解ラベルとの誤差に基づいて訓練されている、機械学習モデルに関する。

【発明の効果】
【00XX】
　本発明によると、機械学習モデルを利用して推論処理を実行するための技術を提供することができる。

【図面の簡単な説明】
【00XX】
　【図1】本発明の一実施例による機械学習モデルを示す概略図である。
　【図2】本発明の一実施例による訓練装置及び推論装置のハードウエア構成を示すブロック図である。
　【図3】本発明の一実施例による訓練装置の機能構成を示すブロック図である。
　【図4】本発明の一実施例による訓練方法を示すフローチャートである。
　【図5】本発明の一実施例による推論装置の機能構成を示すブロック図

【図6】本発明の一実施例による推論方法を示すフローチャートである。
【発明を実施するための形態】
【00XX】
以下、図面を参照して本開示の実施の形態を説明する。
【00XX】
［概略］
以下の実施例によると、訓練済み機械学習モデルは、推論対象データから推論結果を出力するよう訓練されている。具体的には、訓練処理において、訓練装置100は、データベース20から訓練データセットを受け付けると、訓練対象の機械学習モデル30に訓練データを入力し、訓練対象の機械学習モデル30から処理結果を取得する。そして、訓練装置100は、入力した訓練データに対応する正解ラベルと処理結果との誤差を算出し、当該誤差に基づいて訓練対象の機械学習モデル30のパラメータを調整する。

【00XX】
また、推論処理において、推論装置200は、このように訓練された訓練済み機械学習モデル40を利用して、推論対象データから推論結果を取得することができる。

【00XX】
本実施例による訓練済み機械学習モデル40によると、推論対象データから推論結果を取得することができる。

【00XX】
ここで、訓練装置100及び推論装置200はそれぞれ、サーバ、パーソナルコンピュータ（PC）、スマートフォン、タブレット等の計算装置によって実現されてもよく、例えば図2に示されるようなハードウエア構成を有してもよい。すなわち、訓練装置100及び推論装置200はそれぞれ、バスBを介し相互接続されるドライブ装置101、ストレージ装置102、メモリ装置103、プロセッサ104、ユーザインタフェース（UI）装置105及び通信装置106を有する。

【00XX】

訓練装置100及び推論装置200における各種機能及び処理を実現するプログラム又は指示は、CD-ROM（Compact Disk-Read Only Memory）、フラッシュメモリ等の着脱可能な記憶媒体に格納されてもよい。当該記憶媒体がドライブ装置101にセットされると、プログラム又は指示が記憶媒体からドライブ装置101を介しストレージ装置102又はメモリ装置103にインストールされる。ただし、プログラム又は指示は、必ずしも記憶媒体からインストールされる必要はなく、ネットワークなどを介しいずれかの外部装置からダウンロードされてもよい。

【00XX】

ストレージ装置102は、ハードディスクドライブなどによって実現され、インストールされたプログラム又は指示とともに、プログラム又は指示の実行に用いられるファイル、データ等を格納する。

【00XX】

メモリ装置103は、ランダムアクセスメモリ、スタティックメモリ等によって実現され、プログラム又は指示が起動されると、ストレージ装置102からプログラム又は指示、データ等を読み出して格納する。ストレージ装置102、メモリ装置103及び着脱可能な記憶媒体は、非一時的な記憶媒体（non-transitory storage medium）として総称されてもよい。

【00XX】

プロセッサ104は、1つ以上のプロセッサコアから構成され得る1つ以上のCPU（Central Processing Unit）、GPU（Graphics Processing Unit）、処理回路（processing circuitry）等によって実現されてもよく、メモリ装置103に格納されたプログラム、指示、当該プログラム若しくは指示を実行するのに必要なパラメータなどのデータ等に従って、訓練装置100及び推論装置200の各種機能及び処理を実行する。

【00XX】

ユーザインタフェース（UI）装置105は、キーボード、マウス、カメラ、マイクロフォン等の入力装置、ディスプレイ、スピーカー、ヘッドセット、プリンタ等の出力装置、タッチパネル等の入出力装置から構成されて

もよく、ユーザと訓練装置100及び推論装置200との間のインタフェースを実現する。例えばユーザは、ディスプレイ又はタッチパネルに表示されたGUI (Graphical User Interface) をキーボード、マウス等を操作し、訓練装置100及び推論装置200を操作してもよい。

【00XX】

通信装置106は、外部装置、インターネット、LAN (Local Area Network)、セルラーネットワーク等の通信ネットワークとの有線及び／又は無線通信処理を実行する各種通信回路により実現される。

【00XX】

しかしながら、上述したハードウエア構成は単なる一例であり、本発明による訓練装置100及び推論装置200は、他のいずれか適切なハードウエア構成により実現されてもよい。

【00XX】

[訓練装置]

次に、本発明の一実施例による訓練装置100を説明する。図3は、本発明の一実施例による訓練装置100の機能構成を示すブロック図である。図3に示されるように、訓練装置100は、取得部110、処理部120及び訓練部130を有する。取得部110、処理部120及び訓練部130の各機能部は、訓練装置100のメモリ装置103に格納されているコンピュータプログラムがプロセッサ104によって実行されることによって実現されてもよい。

【00XX】

取得部110は、訓練データと正解ラベルとを含む訓練データセットを取得する[6]。具体的には、取得部110は、データベースから訓練データセットを取得し、取得した訓練データを処理部120に提供し、当該訓練データに対応する正解ラベルを訓練部130に提供する。

・・・・・・・・[7]

---

[6] 請求項1の「訓練装置」の「訓練データと正解ラベルとを含む訓練データセットを取得する取得部」に対応する文言を記載する。

[7] 「取得部」による処理を実施可能な程度に記載する。

第 3 章　AI 関連発明の特許明細書作成における基本的な考え方

【00XX】
　処理部 120 は、訓練データを訓練対象の機械学習モデル 30 に入力し、訓練対象の機械学習モデル 30 から処理結果を取得する[8]。例えば訓練対象の機械学習モデル 30 が畳み込みニューラルネットワークモデルとして実現される場合、処理部 120 は、訓練対象の機械学習モデル 30 の入力レイヤに訓練データを入力し、畳み込みレイヤとプーリングレイヤとの複数のペアから構成される中間レイヤを経て、訓練対象の機械学習モデル 30 の出力レイヤから処理結果を取得する。
　　　　　　・・・・・・・・・[9]

【00XX】
　訓練部 130 は、正解ラベルと処理結果との誤差に基づいて訓練対象の機械学習モデル 30 を訓練する[10]。具体的には、訓練部 130 は、正解ラベルと処理結果との誤差を算出し、算出した誤差が小さくなるように、誤差逆伝播法に従って訓練対象の機械学習モデル 30 のパラメータを更新する。
　　　　　　・・・・・・・・・[11]

【00XX】
　上述した訓練装置 100 によると、推論対象データから推論結果を取得する訓練済み機械学習モデル 40 を取得することができる。

【00XX】
［訓練方法］
　次に、本発明の一実施例による訓練方法を説明する。図 4 は、本発明の一実施例による訓練方法を示すフローチャートである。当該訓練方法は、上述した訓練装置 100 によって実現されてもよい。具体的には、当該訓

---

[8]　「訓練装置」の「前記訓練データを訓練対象モデルに入力し、前記訓練対象モデルから処理結果を取得する処理部」に対応する文言を記載する。
[9]　「処理部」による処理を実施可能な程度に記載する。
[10]　「訓練装置」の「前記正解ラベルと前記処理結果との誤差に基づいて前記訓練対象モデルを訓練する訓練部」に対応する文言を記載する。
[11]　「訓練部」による処理を実施可能な程度に記載する。

練方法は、訓練装置100のメモリ装置103に格納されているプログラムがプロセッサ104によって実行されることによって実現されてもよい。
【00XX】
図4に示されるように、ステップS101において、訓練装置100は、訓練データと正解ラベルとから構成される訓練データセットを取得する[12]。
・・・・・・・・
【00XX】
ステップS102において、訓練装置100は、訓練対象の機械学習モデル30に訓練データを入力する[13]。
・・・・・・・・
【00XX】
ステップS103において、訓練装置100は、訓練対象の機械学習モデル30から処理結果を取得する[14]。
・・・・・・・・
【00XX】
ステップS104において、訓練装置100は、処理結果と正解ラベルとの誤差を算出する[15]。
・・・・・・・・
【00XX】
ステップS105において、訓練装置100は、算出した誤差に基づいて訓練対象の機械学習モデル30を訓練する[16]。

---

12 請求項2の「訓練方法」の「訓練データと正解ラベルとを含む訓練データセットを取得すること」に対応する文言を記載する。
13 「訓練方法」の「前記訓練データを訓練対象モデルに入力し」に対応する文言を記載する。
14 「訓練方法」の「前記訓練対象モデルから処理結果を取得すること」に対応する文言を記載する。
15 「訓練方法」の「前記正解ラベルと前記処理結果との誤差」に対応する文言を記載する。
16 「訓練方法」の「誤差に基づいて前記訓練対象モデルを訓練すること」に対応する文言を記載する。

【00XX】

ステップS106において、訓練装置100は、終了条件を充足したか判定する。終了条件を充足していない場合（S106：NO）、当該訓練方法は、ステップS102に戻って、上述したステップS102～S106を繰り返す。他方、終了条件を充足している場合（S106：YES）、当該訓練方法は終了し、最終的に取得された機械学習モデル30を訓練済み機械学習モデル40として推論装置200に提供する。

【00XX】

上述した訓練方法によると、推論対象データから推論結果を取得する訓練済み機械学習モデル40を取得することができる。

【00XX】

[推論装置]

次に、本発明の一実施例による推論装置200を説明する。図5は、本発明の一実施例による推論装置200の機能構成を示すブロック図である。図5に示されるように、推論装置200は、取得部210及び処理部220を有する。取得部210及び処理部220の各機能部は、推論装置200のメモリ装置103に格納されているコンピュータプログラムがプロセッサ104によって実行されることによって実現されてもよい。

【00XX】

取得部210は、推論対象データを取得する[17]。具体的には、取得部210は、推論対象データを取得し、取得した推論対象データを処理部220に提供する。

[18]

【00XX】

処理部220は、推論対象データを訓練済み機械学習モデル40に入力

---

17 請求項4の「推論装置」の「推論対象データを取得する取得部」に対応する文言を記載する。
18 「取得部」による処理を実施可能な程度に記載する。

し、訓練済み機械学習モデル40から推論結果を取得する[19]。具体的には、処理部220は、取得部210から取得した推論対象データを訓練済み機械学習モデル40に入力し、当該訓練済み機械学習モデル40を実行することによって処理結果を取得する。
・・・・・・・・[20]

【00XX】
　ここでの訓練済み機械学習モデル40は、訓練データに対する訓練対象の機械学習モデル30の処理結果と正解ラベルとの誤差に基づいて訓練されている[21]。すなわち、訓練済み機械学習モデル40は、推論対象データを取得することと、推論対象データに対する推論結果を出力することと、をコンピュータに実行させ、訓練データに対する訓練対象の機械学習モデル30の処理結果と正解ラベルとの誤差に基づいて訓練されている。
・・・・・・・・[22]

【00XX】
　上述した推論装置200によると、推論対象データから推論結果を取得するよう訓練された訓練済み機械学習モデル40を利用して、推論結果を取得することができる。

【00XX】
［推論方法］
　次に、本発明の一実施例による推論方法を説明する。図6は、本発明の一実施例による推論方法を示すフローチャートである。当該推論方法は、上述した推論装置200によって実現されてもよい。具体的には、当該推論方法は、推論装置200のメモリ装置103に格納されているプログラムがプロセッサ104によって実行されることによって実現されてもよ

19　「推論装置」の「前記推論対象データを訓練済みモデルに入力し、前記訓練済みモデルから推論結果を取得する処理部」に対応する文言を記載する。
20　「処理部」による処理を実施可能な程度に記載する。
21　「推論装置」の「前記訓練済みモデルは、訓練データに対する訓練対象モデルの処理結果と正解ラベルとの誤差に基づいて訓練されている」に対応する文言を記載する。
22　「機械学習モデル」に対応する文言を記載するとともに、「訓練済みモデル」の処理を実施可能な程度に記載する。

い。
【00XX】
　図6に示されるように、ステップS201において、推論装置200は、推論対象データを取得する[23]。

・・・・・・・・・

【00XX】
　ステップS202において、推論装置200は、訓練済み機械学習モデル40に推論対象データを入力する[24]。

・・・・・・・・・

【00XX】
　ステップS203において、推論装置200は、訓練済み機械学習モデル40から推論結果を取得する[25]。

・・・・・・・・・

【00XX】
　上述した推論方法によると、推論対象データから推論結果を取得するよう訓練された訓練済み機械学習モデル40を利用して、推論結果を取得することができる。

【00XX】
　以上、本開示の実施例について詳述したが、本開示は上述した特定の実施形態に限定されるものではなく、特許請求の範囲に記載された本開示の要旨の範囲内において、種々の変形・変更が可能である。

【符号の説明】
【00XX】
　20　　データベース
　30　　訓練対象モデル

23　請求項5の「推論方法」の「推論対象データを取得すること」に対応する文言を記載する。
24　「推論方法」の「前記推論対象データを訓練済みモデルに入力」に対応する文言を記載する。
25　「推論方法」の「前記訓練済みモデルから推論結果を取得すること」に対応する文言を記載する。

40　　訓練済みモデル
　100　　訓練装置
　110　　取得部
　120　　処理部
　130　　訓練部
　200　　推論装置
　210　　取得部
　220　　処理部

【書類名】特許請求の範囲
【請求項１】
　訓練データと正解ラベルとを含む訓練データセットを取得する取得部と、
　前記訓練データを訓練対象モデルに入力し、前記訓練対象モデルから処理結果を取得する処理部と、
　前記正解ラベルと前記処理結果との誤差に基づいて前記訓練対象モデルを訓練する訓練部と、
　を有する、訓練装置。
【請求項２】
　訓練データと正解ラベルとを含む訓練データセットを取得することと、
　前記訓練データを訓練対象モデルに入力し、前記訓練対象モデルから処理結果を取得することと、
　前記正解ラベルと前記処理結果との誤差に基づいて前記訓練対象モデルを訓練することと、
　をコンピュータが実行する、訓練方法。
【請求項３】
　訓練データと正解ラベルとを含む訓練データセットを取得することと、
　前記訓練データを訓練対象モデルに入力し、前記訓練対象モデルから処理結果を取得することと、
　前記正解ラベルと前記処理結果との誤差に基づいて前記訓練対象モデル

を訓練することと、
　をコンピュータに実行させる、訓練プログラム。
【請求項4】
　推論対象データを取得する取得部と、
　前記推論対象データを訓練済みモデルに入力し、前記訓練済みモデルから推論結果を取得する処理部と、
　を有し、
　前記訓練済みモデルは、訓練データに対する訓練対象モデルの処理結果と正解ラベルとの誤差に基づいて訓練されている、推論装置。
【請求項5】
　推論対象データを取得することと、
　前記推論対象データを訓練済みモデルに入力し、前記訓練済みモデルから推論結果を取得することと、
　をコンピュータが実行し、
　前記訓練済みモデルは、訓練データに対する訓練対象モデルの処理結果と正解ラベルとの誤差に基づいて訓練されている、推論方法。
【請求項6】
　推論対象データを取得することと、
　前記推論対象データを訓練済みモデルに入力し、前記訓練済みモデルから推論結果を取得することと、
　をコンピュータに実行させ、
　前記訓練済みモデルは、訓練データに対する訓練対象モデルの処理結果と正解ラベルとの誤差に基づいて訓練されている、推論プログラム。
【請求項7】
　推論対象データを取得することと、
　前記推論対象データに対する推論結果を出力することと、
　をコンピュータに実行させる機械学習モデルであって、
　前記機械学習モデルは、訓練データに対する訓練対象モデルの処理結果と正解ラベルとの誤差に基づいて訓練されている、機械学習モデル。

【書類名】要約書
【要約】
【課題】機械学習モデルを利用して推論処理を実行するための技術を提供することである。
【解決手段】本発明の一態様は、推論対象データを取得する取得部と、前記推論対象データを訓練済みモデルに入力し、前記訓練済みモデルから推論結果を取得する処理部と、を有し、前記訓練済みモデルは、訓練データに対する訓練対象モデルの処理結果と正解ラベルとの誤差に基づいて訓練されている、推論装置に関する。
【選択図】図1
【図1】

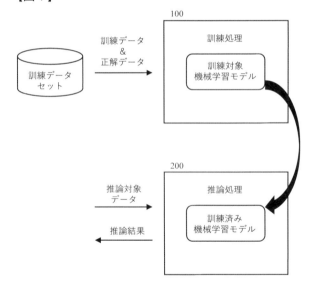

第3章 AI関連発明の特許明細書作成における基本的な考え方

【図2】

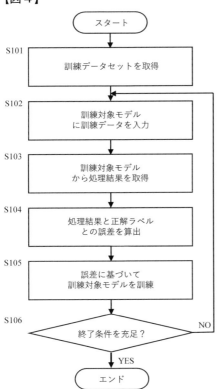

【図3】

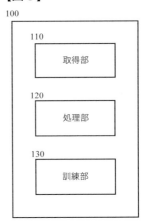

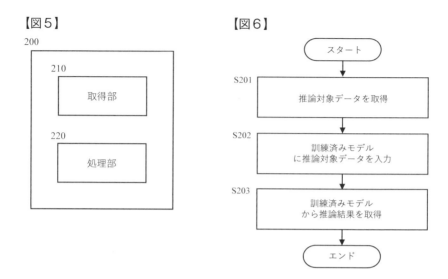

【図5】
【図6】

　以降の章において、出願対象のAI関連発明が訓練処理と推論処理とのいずれの処理に特徴があるかなどに基づいてAI関連発明を類型化し、各類型に対してどのような実施例が適切であるかについて説明する。

　各類型について後述する仮想事例に対する特許明細書の記載の仕方は、基本的には上述した汎用的な特許明細書に基づいて各仮想事例に対応したものとなっている。

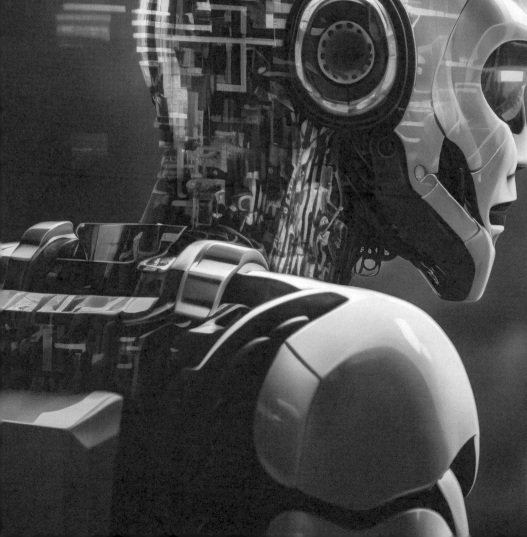

第4章
AI 関連発明の類型化

1．AI関連発明の類型化について

　これまで述べたように、機械学習は訓練処理と推論処理とから構成される。このような技術的特性に対応し、出願対象のAI関連発明もまた、訓練処理に特徴を有する発明と推論処理に特徴を有する発明とに大別できることが多い。

　機械学習ではまず、訓練処理において、AI関連発明の主要な構成要素となる機械学習モデルが訓練・生成される。そして、推論処理において、訓練・生成された訓練済み機械学習モデルが利用されることになる。このような機械学習の技術的特性に対応し、AI関連発明は以下のような2つの類型に大別できる。

　　ⅰ）**機械学習モデルの訓練処理、すなわち、訓練対象の機械学習モデルをどのように訓練するかに特徴を有するもの**
　　ⅱ）**機械学習モデルの推論処理、すなわち、訓練済みの機械学習モデルをどのように利用するかに特徴を有するもの**

　例えば出願対象のAI関連発明が訓練処理に特徴を有する発明である場合、訓練処理に関するクレーム、すなわち、訓練装置、訓練方法、訓練プログラムなどのクレームを記載することをまず考えるであろう。

　一方、訓練処理に特徴を有する発明であることから、訓練装置等の訓練処理に関するクレームだけで十分な権利範囲をカバーできるかというと、必ずしもそうとはいえないこともある。

　すなわち、このような訓練処理によって訓練された訓練済み機械学習モデルを利用した推論処理に関するクレーム、すなわち、推論装置、推論方法、推論プログラムなどのクレームも記載した方がよいケースもあると考える。

　仮に訓練処理に特徴を有する発明に対して訓練装置等のクレームのみ記載し、当該訓練装置等によって訓練された訓練済み機械学習モデルを利用した推論装置等のクレームを記載しなかったとする。この場合、当該訓練処理によって訓練・生成された訓練済み機械学習モデルを利用した推論処理については、第三者による推論処理の実施に対し、当該AI関連発明の特許権を主張することが困難となり、出願対象のAI関連発明の権利範囲

を限定的なものにしてしまうおそれがあるためである。

このため、出願対象の AI 関連発明が訓練処理に特徴を有する発明である場合でも、訓練処理に関するクレームと、推論処理に関するクレームとの双方を特許請求の範囲に記載するとともに、これに対応して訓練処理に関する実施例だけでなく、当該訓練処理によって訓練された訓練済み機械学習モデルを利用する推論処理に関する実施例もまた、明細書に記載することが適切であろう。

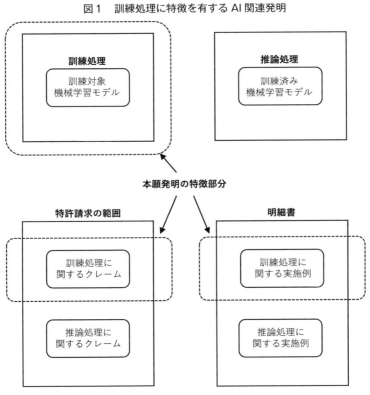

図1　訓練処理に特徴を有する AI 関連発明

すなわち、出願対象の AI 関連発明が訓練処理に特徴を有する発明である場合、クレームについては、本願発明の特徴部分となる訓練処理に関する訓練装置、訓練方法及び／又は訓練プログラムなどの訓練処理に関するクレー

ムを記載するだけでなく、本願発明の特徴部分ではないかもしれないが、当該訓練処理を利用する推論処理に関する推論装置、推論方法及び／又は推論プログラムなどの推論処理に関するクレームも特許請求の範囲に記載する。また、明細書については、本願発明の特徴部分となる訓練処理に関する実施例だけでなく、当該訓練処理を利用する推論処理に関する実施例も開示する。

　他方、出願対象のAI関連発明が推論処理に特徴を有する発明である場合、推論処理に関するクレーム、すなわち、推論装置、推論方法、推論プログラムなどのクレームをまず記載するとともに、クレームをサポートするための推論処理に関する実施例を記載することが適切であろう。

　一方、推論処理に特徴を有する発明であるから、推論処理に関する推論装置等のクレームを記載するとともに、推論処理に関する実施例を明細書及び図面に記載するだけで十分かというと、必ずしもそうとはいえないこともある。

　典型的には、推論処理では訓練処理によって訓練された訓練済み機械学習モデルを利用するが、この訓練済み機械学習モデルがどのように訓練・生成されるかについて明細書に記載することが必要となるケースがある。すなわち、推論処理によって利用される訓練済み機械学習モデルがどのように訓練・生成されるか不明である場合、この訓練済み機械学習モデルを利用した推論処理が実施可能でないと判断される可能性もある。このため、出願対象のAI関連発明が推論処理に特徴を有する発明である場合であっても、推論処理に関するクレームだけでなく、訓練処理に関するクレームもまた、特許請求の範囲に記載することを検討してもよい。

　これに対応して、推論処理に関する実施例だけでなく、当該推論処理において利用される訓練済み機械学習モデルがどのように訓練・生成されるかという訓練処理に関する実施例もまた、明細書に記載することが適切であると考える。

　すなわち、出願対象のAI関連発明が推論処理に特徴を有する発明である場合、クレームについては、本願発明の特徴部分となる推論処理に関する推論装置、推論方法及び／又は推論プログラムなどの推論処理に関するクレームを記載するだけでなく、本願発明の特徴部分ではないかもしれな

いが、当該推論処理に利用される訓練済み機械学習モデルを訓練する訓練処理に関する訓練装置、訓練方法及び／又は訓練プログラムなどの訓練処理に関するクレームを記載してもよい。

また、明細書については、本願発明の特徴部分となる推論処理に関する実施例と、当該推論処理に利用される訓練済み機械学習モデルを訓練する訓練処理に関する実施例との双方を開示する。

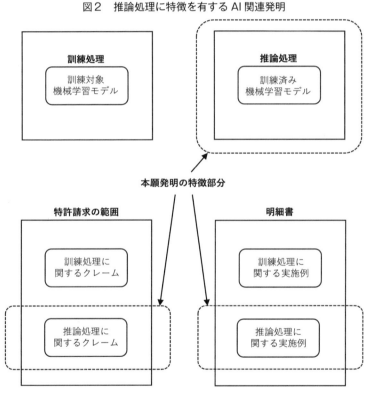

図2　推論処理に特徴を有するAI関連発明

以上のように、出願対象のAI関連発明が訓練処理に特徴を有する発明である場合であっても、訓練処理に関するクレームのみを記載したり、また、訓練処理に関する実施例のみを明細書に記載したりすれば十分であるとは限らない。

当該訓練処理によって訓練された訓練済み機械学習モデルを利用した推論処理に関するクレームを記載すること、また、推論処理に関する実施例を明細書に記載することを検討する必要があると考える。

　同様に、出願対象の AI 関連発明が推論処理に特徴を有する発明である場合であっても、推論処理に関する実施例だけでなく、当該推論処理に利用される訓練済み機械学習モデルを訓練するための訓練処理に関するクレームや訓練処理に関する実施例もまた、記載する必要がないか検討すべきである。

　以上のように、AI 関連発明が訓練処理に特徴を有する発明と、推論処理に特徴を有する発明とに大別できることについて、すなわち、AI 関連発明が訓練処理に関する類型と、推論処理に関する類型とに類型化できることについて述べた。一方、AI 技術の進化及び普及に従って、訓練処理に関する類型及び推論処理に関する類型以外の他の類型に分類させるべき AI 関連発明の出願が増加している。

　例えば機械学習の進化に従って、深層学習モデルの新たなモデルアーキテクチャが提案されている。また、機械学習モデルによる特徴抽出を容易にするため、入力データの前処理に関する新たな工夫などが提案されている。また、訓練データの取得コストを低減するため、データ拡張などの新たなアプローチが提案されている。

　さらに、2022 年 11 月に OpenAI によって公開された ChatGPT をはじめとして、昨今、研究開発が加速化している各種生成 AI を利用したビジネス関連発明なども提案されてきている。

　本書では、AI 関連発明を類型化し、以降の各章において、AI 関連発明の各類型に対して、どのようなクレームを記載すべきか、また、どのような実施例を明細書に記載すべきかについて説明することにする。

2．AI関連発明の6つの類型

ここでは、出願対象のAI関連発明の特徴が機械学習のどのような処理に特徴を有するかに応じてAI関連発明を類型化する。そして、以降の各章において、類型ごとにどのようなクレームを記載し、また、どのような実施例を記載すべきか説明する。

例えば出願対象のAI関連発明が訓練処理に特徴があるか、あるいは推論処理に特徴があるかに応じて当該AI関連発明に関するクレームと、実施例の記載の仕方は異なり得る。また、出願対象のAI関連発明が前処理、データ拡張又はモデルアーキテクチャに特徴があることもある。これらのAI関連発明について、クレームと実施例をどのように記載すべきかについて述べる。

さらに、出願対象のAI関連発明が昨今話題になっているChatGPTなどの生成AIを利用したビジネス関連発明に関するものである場合、当該AI関連発明に関するクレームと実施例をどのように記載すべきかについても述べる。

本書では、AI関連発明を以下の6つ類型に分類する。

類型Ⅰ：訓練処理に関する発明
類型Ⅱ：推論処理に関する発明
類型Ⅲ：前処理に関する発明
類型Ⅳ：データ拡張に関する発明
類型Ⅴ：モデルアーキテクチャに関する発明
類型Ⅵ：生成モデルの利用に関する発明

（1）類型Ⅰ：訓練処理に関する発明

訓練処理に関する発明は、典型的には、新規な訓練アルゴリズムを利用して機械学習モデルを訓練することなどに関するものである。例えば深層学習モデルの訓練に利用される誤差逆伝播法において、新規な誤差関数を利用したり、新規なパラメータ調整手順を適用したり、又は新規なハイパーパラメータ[1]設定手法を適用したりするものなどであるかもしれない。

1　訓練処理において調整されるパラメータでなく、外部から設定されるパラメータのこと。

図3 類型Ⅰ：訓練処理に関する発明

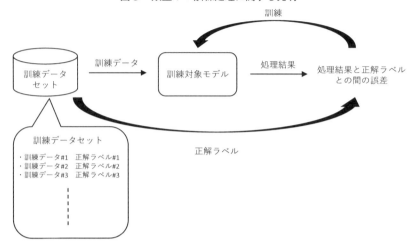

あるいは、深層学習モデル以外の機械学習モデルに対する新規な訓練アルゴリズムなどであるかもしれない。

訓練処理に関する発明は、訓練対象の機械学習モデルをどのように訓練・生成するかに特徴があるような発明として類型化できる。

このような訓練処理に関する発明については、当然ながら訓練装置、訓練方法、訓練アルゴリズムなどの訓練対象の機械学習モデルの訓練処理に関するクレームを特許請求の範囲に記載するとともに、これらのクレームをサポートするための実施例を明細書に記載することになる。

一方、訓練処理に関するクレームと実施例を記載すれば十分であるかというと、それのみでは不十分なケースがあり得る。このような訓練処理によって訓練された訓練済み機械学習モデルを利用した推論装置、推論方法、推論プログラムなどの推論処理に関するクレームを特許請求の範囲に記載するとともに、これらのクレームをサポートするための実施例も記載した方がよいケースもあると考える。

実際、訓練処理に関する発明は、訓練済み機械学習モデルの推論精度の向上等を目的としたものであることが多く、当該発明によって訓練された訓練済み機械学習モデルの利用に資するためのものであり、訓練済み機械

学習モデルを利用した推論処理に関するクレームの権利化を図ることが適切であろう。

さらに、訓練処理に関する発明はAIベンダーやITベンダーによって考案されるケースが多いが、AIベンダーやITベンダーは、自らが考案した訓練アルゴリズム等によって訓練・生成した機械学習モデル自体の権利化も図ることを所望し得る。このため、出願対象の訓練処理に関する発明によって訓練・生成される機械学習モデル自体のクレームの権利化を図ってもよいと考える。

第5章において、訓練処理に関する発明のクレームの記載の仕方と明細書の記載の仕方について、より詳細に説明する。

(2) 類型Ⅱ：推論処理に関する発明

推論処理に関する発明は、典型的には、訓練済み機械学習モデルの利用に関するものである。例えば機械学習モデルの入力データと出力データとの組合せに特徴があるもの、閾値判定や対応テーブルなどに基づく判定処理の代わりに機械学習モデルを利用した推論処理を利用しているものなどが挙げられ得る。

推論処理に特徴を有する発明では、典型的には、訓練アルゴリズム自体は誤差逆伝播法などの公知の訓練アルゴリズムを利用しているものが多い。

推論処理に特徴を有する発明は、機械学習モデルをどのように利用するかに特徴があるような発明として類型化し得る。

このような推論処理に関する発明については、当然ながら推論装置、推論方法、推論アルゴリズムなどの訓練済み機械学習モデルを利用する推論処理に関するクレームを特許請求の範囲に記載するとともに、これらのクレームをサポートするための実施例を明細書に記載することになる。

図4　類型Ⅱ：推論処理に関する発明

推論対象データ → 訓練済みモデル → 推論結果

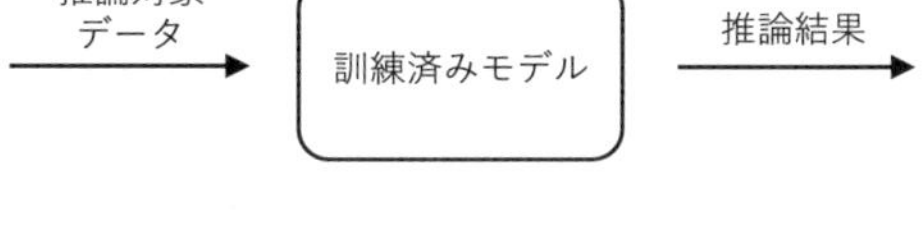

一方、推論処理に関するクレームと実施例を記載すれば十分であるかというと、それのみでは十分でないケースがあり得る。

　このような推論処理に利用される訓練済み機械学習モデルを訓練する訓練装置、訓練方法、訓練プログラムなどの訓練処理に関するクレームを特許請求の範囲に記載するとともに、これらのクレームをサポートするための実施例も記載した方がよいケースもあると考える。

　すなわち、推論処理に利用される訓練済み機械学習モデルをどのように訓練・生成するかの記載が明細書になく、訓練済み機械学習モデルを訓練・生成するための訓練処理が不明である場合、どのように訓練・生成可能であるか不明な訓練済み機械学習モデルの利用を前提とした推論処理は、当業者に実施可能でないと判断され、特許法36条4項1号（実施可能要件）違反の拒絶理由が指摘され得る。このため、訓練装置、訓練方法、訓練プログラムなどの訓練処理に関するクレームの権利化を図る意図がないとしても、推論処理に利用される訓練済み機械学習モデルを訓練・生成するための訓練処理に関する実施例を少なくとも明細書に記載することは重要であると考える。

　さらに、推論処理に利用される訓練済み機械学習モデル自体の権利化を検討してもよいであろう。出願対象の推論処理に関する発明によって利用される機械学習モデル自体のクレームの権利化を図ってもよいと考える。

　第6章において、推論処理に関する発明のクレームの記載の仕方と明細書の記載の仕方について、より詳細に説明する。

（3）類型Ⅲ：前処理に関する発明

　前処理に特徴を有する発明は、典型的には、機械学習モデルに入力するデータに対する前処理に関するものである。通常、訓練済み機械学習モデルには、推論対象のデータが入力され、推論結果が出力される。

　しかしながら、推論対象のデータに対して何らかの前処理を実行し、前処理されたデータを訓練済み機械学習モデルに入力して推論結果を取得した方が、推論対象のデータをそのまま訓練済み機械学習モデルに入力するよりも、より良好な推論精度を実現し得ることがある。

第 4 章　AI 関連発明の類型化

図 5　類型Ⅲ：前処理に関する発明の訓練処理

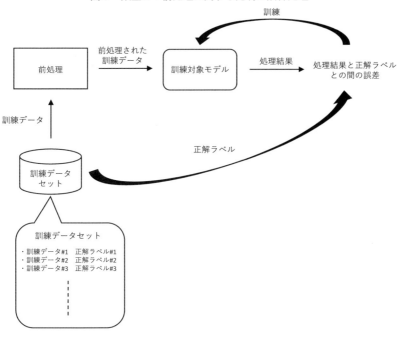

図 6　類型Ⅲ：前処理に関する発明の推論処理

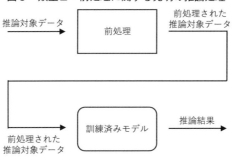

　これは、推論対象のデータよりも推論対象のデータに対して前処理されたデータの方が、訓練済み機械学習モデルによる特徴抽出により適しているケースなどに当てはまる。

前処理に特徴を有する発明は、推論対象のデータを機械学習モデルによる特徴抽出により適したデータに変換することに特徴があるような発明として類型化し得る。このような前処理に関する発明については、訓練装置、訓練方法、訓練プログラムなどの訓練処理に関するクレームと、推論装置、推論方法、推論プログラムなどの推論処理に関するクレームとのそれぞれに、当該前処理を実行する機能部やステップ（前処理部や前処理ステップなど）を追加する。

　一般に、訓練処理において前処理された訓練データによって訓練された訓練済み機械学習モデルは、推論処理においても同様に前処理された推論対象データを入力として受け付ける。

　したがって、前処理に関する機能部やステップが訓練処理に関するクレームだけでなく、推論処理に関するクレームにも含まれることになる。さらに、前処理されたデータを入力とする訓練済み機械学習モデル自体の権利化を図ることも検討してもよいと考える。

　第7章において、前処理に関する発明のクレームの記載の仕方と明細書の記載の仕方について、より詳細に説明する。

（4）類型Ⅳ：データ拡張に関する発明

　データ拡張に特徴を有する発明は、例えば訓練対象の機械学習モデルを訓練するための訓練データを増加させるための処理に関するものである。一般に、機械学習モデルを訓練するのに利用される訓練データ数は多いほど、訓練済み機械学習モデルの精度は向上し得る。一方、訓練データを取得するのはコストがかかるため、多数の訓練データを収集することが困難な場合もあり得る。このため、より少ない訓練データから多数の訓練データを取得・生成するためのデータ拡張が、訓練対象の機械学習モデルに有用となる。

　データ拡張に特徴を有する発明は、入手した訓練データから訓練データを取得・生成することに特徴があるような発明として類型化し得る。

　このようなデータ拡張に関する発明については、訓練処理に利用される訓練データが取得・生成され、データ拡張によって取得・生成された訓練データが、訓練データセットに追加される。

第4章　AI関連発明の類型化

　このようなデータ拡張は、典型的には、訓練装置とは異なる外部装置（データ拡張装置、訓練データ生成装置など）によって実行されるケースが多いと考える。
　この場合、データ拡張を実行する機能部は、訓練装置内に備えられた構成要素とはならず、訓練装置は、データ拡張装置や訓練データ生成装置などによるデータ拡張によって取得・生成された訓練データを利用して、訓練対象の機械学習モデルを訓練することとなる。

図7　類型Ⅳ：データ拡張に関する発明の訓練処理

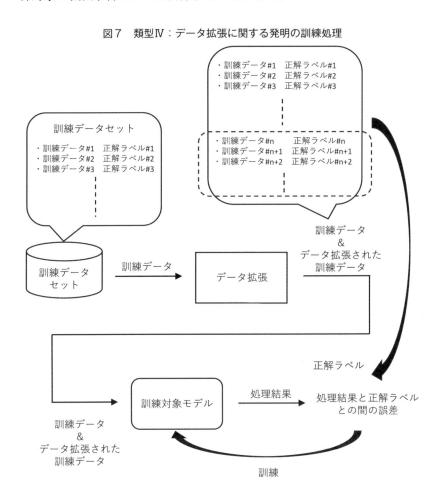

同様に、推論装置についてもまた、データ拡張装置や訓練データ生成装置などによるデータ拡張によって取得・生成された訓練データを用いて訓練された訓練済み機械学習モデルを利用することとなり、データ拡張を実行する機能部は、推論装置内に備えられる構成要素とはならない。

図8　類型Ⅳ：データ拡張に関する発明の推論処理

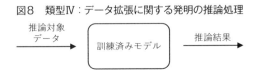

　一方、データ拡張による処理自体は、例えば当初収集した訓練画像に対する回転、移動、輝度変換などの情報処理分野では、比較的よく知られた処理であるケースが多く、このような処理を実行することを特徴とするデータ拡張装置や訓練データ生成装置自体のクレームでは、特許性が認められる可能性は低いかもしれない。

　そのため、データ拡張装置や訓練データ生成装置などによるデータ拡張によって取得・生成された訓練データを利用して訓練対象の機械学習モデルを訓練する訓練装置、訓練方法、訓練プログラムなどの訓練処理に関するクレームと、データ拡張装置や訓練データ生成装置などによるデータ拡張によって取得・生成された訓練データを用いて訓練された訓練済み機械学習モデルを利用した推論装置、推論方法、推論プログラムなどの推論処理に関するクレームとを特許請求の範囲に記載し、データ拡張による処理自体でなく、データ拡張によって取得・生成された訓練データを用いた訓練対象の機械学習モデルの訓練処理と、当該訓練処理によって訓練された訓練済み機械学習モデルを利用した推論処理との権利化を図ることを検討してもよいと考える。

　第8章において、データ拡張に関する発明のクレームの記載の仕方と明細書の記載の仕方について、より詳細に説明する。

（5）類型Ⅴ：モデルアーキテクチャに関する発明

　モデルアーキテクチャに特徴を有する発明は、新規な機械学習モデル、新規なレイヤを備えた深層学習モデルなどに関するものである。

第 4 章　AI 関連発明の類型化

畳み込みニューラルネットワークにおける畳み込みレイヤとプーリングレイヤ、言語モデルにおけるトランスフォーマーなどは、有用なモデルアーキテクチャの具体例といえる。

モデルアーキテクチャに特徴を有する発明は、機械学習モデルの内部構成に特徴があるような発明として類型化し得る。

このようなモデルアーキテクチャに関する発明については、当該モデルアーキテクチャを備えた機械学習モデルのクレームを特許請求の範囲にすることをまず検討してもよい。そして、当該モデルアーキテクチャを備えた機械学習モデルを利用した推論装置、推論方法、推論プログラムなどの推論処理に関するクレームを記載することを検討してもよい。

図 9　類型 V：モデルアーキテクチャに関する発明

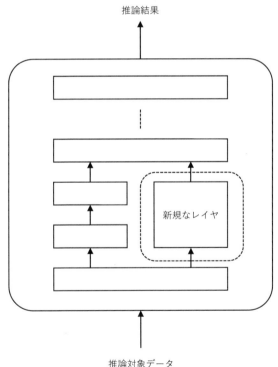

さらに、当該モデルアーキテクチャを備えた機械学習モデルを訓練するための訓練装置、訓練方法、訓練プログラムなどの訓練処理に関するクレームを記載することを検討してもよい。

第9章において、前処理に関する発明のクレームの記載の仕方と明細書の記載の仕方について、より詳細に説明する。

（6）類型Ⅵ：生成モデルの利用に関する発明

生成モデルの利用に特徴を有する発明は、ChatGPT などの技術的基礎となる GPT ベースの汎用言語モデルなど、インターネット上などで利用可能な生成モデルを利用した発明に関するものである。例えば処理対象のデータから生成モデルに入力するプロンプトの生成の仕方、生成モデルからの出力結果をどのように利用するかなどに関するものであり得る。

図 10　類型Ⅵ：生成モデルの利用に関する発明

生成モデルの利用に特徴を有する発明は、既存の生成モデルをどのように利用するかに特徴を有するような発明として類型化し得る。

このような生成モデルの利用に関する発明については、所望の処理結果を生成モデルに生成させるためのプロンプトを生成し、生成モデルから生成結果を取得するプロンプト生成装置などに関するクレームを記載することを検討してもよい。また、処理対象のデータから生成モデルに生成させるためのプロンプトを生成し、生成モデルから取得した生成結果に基づいて所望の処理結果を取得する情報処理装置などに関するクレームを記載することを検討してもよい。

第 10 章において、生成モデルの利用に関する発明のクレームの記載の仕方と明細書の記載の仕方について、より詳細に説明する。

以降の各章において、上述した類型Ⅰ～Ⅵの各類型について、クレームと実施例の書き方を説明する。

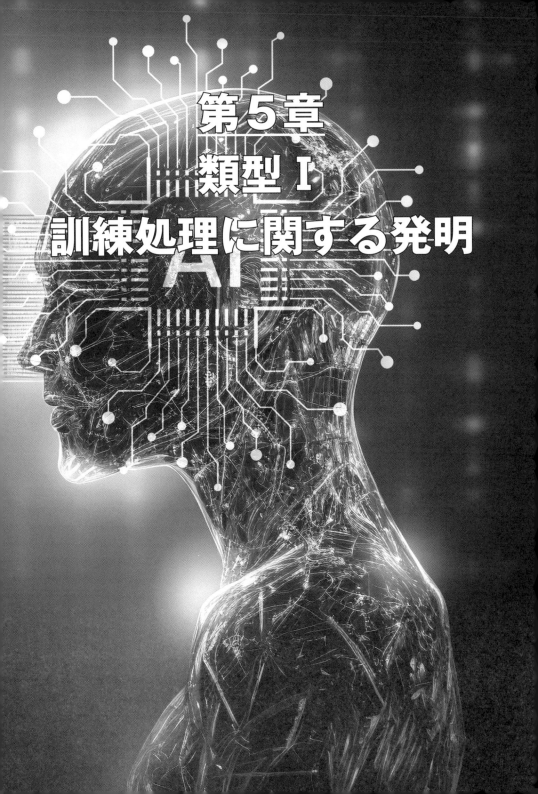

1. 訓練処理に関する発明とは

　AI関連発明のうち、訓練処理に関する発明は、訓練対象の機械学習モデルをどのように訓練・生成するかに特徴がある発明である。訓練処理に関する発明は、例えば訓練対象の機械学習モデルを訓練・生成するための新規な訓練アルゴリズムに関するものであったり、あるいは、既存の訓練アルゴリズムに追加される新規な処理などであったりする。

　特許庁によると、このタイプのAI関連発明は、「AIコア発明」として分類されている。すなわち、AIコア発明とは、「ニューラルネットワーク、深層学習、サポートベクタマシン、強化学習等を含む各種機械学習技術のほか、知識ベースモデルやファジィ論理など、AIの基礎となる数学的又は統計的な情報処理技術に特徴を有する発明」として定義されている。

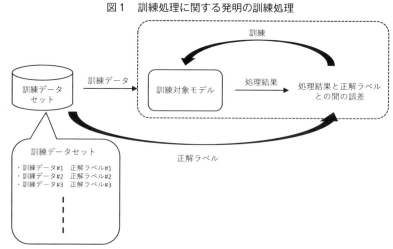

図1　訓練処理に関する発明の訓練処理

　訓練処理に関する発明の一例として、訓練対象の機械学習モデルが画像処理用のニューラルネットワークモデルであり、出願対象の発明がニューラルネットワークモデルの訓練処理に用いられる新規な損失関数に関するものであるとする。

　訓練対象のニューラルネットワークモデルに入力される訓練画像と、当

該訓練画像に対応する正解ラベルとのペアから構成される訓練データセットがあらかじめ用意される。

そして、訓練画像が訓練対象のニューラルネットワークモデルに入力され、この訓練画像が訓練対象のニューラルネットワークモデル内の各レイヤにおいて処理された後、最終レイヤから処理結果が出力される。この処理結果と訓練画像に対応する正解ラベルとの間の誤差が、出願対象の発明に関する新規な損失関数に従って算出され、算出された誤差に基づいて、誤差逆伝播法に従って訓練対象のニューラルネットワークモデルのパラメータが調整される。

その他、出願対象の発明は、新規なパラメータ調整手順であったり、又は新規なハイパーパラメータ設定手法により設定されたハイパーパラメータの利用に関するものであったりするかもしれない。

このような訓練処理に関する発明は、機械学習モデルの訓練・生成に関するものであり、その実行主体は、訓練・生成処理を実行する訓練装置や生成装置（以降、訓練装置として総称する）であると考えられる。このような訓練装置は、典型的には、サーバ等の計算機によって実現され得る。

2．訓練処理に関する発明のクレームの書き方

（1）基本的な考え方

　第3章のAI関連発明の特許明細書作成の基本的な考え方において、特許請求の範囲に記載するAI関連発明のクレームについて、「**訓練処理に関するクレームと、推論処理に関するクレームとを『分けて』記載する**」という基本的な考え方を述べた。

　類型Iの訓練処理に関する発明についても、訓練処理と推論処理との双方の処理が混在したクレームでなく、訓練処理に関するクレームと、推論処理に関するクレームとを分けて記載すること、すなわち、訓練処理に関する独立形式のクレームと、推論処理に関する独立形式のクレームとを個別に記載することを提案する。

　我が国の特許法では、物の発明、方法の発明、及び物の製造方法の発明が、法上の発明として認められている。このため、訓練処理に関する発明を権利化する場合、訓練処理を実行する訓練装置、訓練処理をコンピュータによって実現する訓練方法、訓練処理をコンピュータに実行させるための訓練プログラムなどが、権利化対象として記載できる。

　したがって、類型Iの訓練処理に関する発明のクレームとしてはまず、訓練装置、訓練方法及び／又は訓練プログラムなどのクレームを記載することを検討してもよいと考える。すなわち、機械学習モデルをどのように訓練・生成するかに特徴がある訓練処理に関する発明について、まずは訓練装置、訓練方法及び訓練プログラムのクレームの権利化を図ることが自然であろう。

　では、訓練処理に関する発明について、上述した訓練装置、訓練方法及び訓練プログラムのみで十分な権利範囲をカバーできるかというと、一般には、これだけでは十分でないと考えられる。すなわち、この訓練処理によって訓練・生成された訓練済み機械学習モデルを利用した推論処理に関するクレームの権利化を図ることも検討してよいと考える。

　これは、訓練処理自体は、訓練対象の機械学習モデルの推論精度を高めるためなど、推論処理に利用される訓練済み機械学習モデルの性能の向上等を図ることを目的としている場合が多く、訓練処理で訓練・生成された

訓練済み機械学習モデルの推論処理における利用を最終的な目的としているケースが大部分と考えられるためである。

例えば検査対象物の異常を検知する機械学習モデルの検出精度を向上させるための訓練アルゴリズムを発明した場合、当該発明は訓練処理に特徴を有する発明であるが、実務上重要なのは、この訓練アルゴリズムによって訓練された訓練済み機械学習モデルを利用した推論処理であるかもしれない。多くの侵害行為は、訓練済み機械学習モデルを利用した推論処理の実施において発見され得るためである。

このため、訓練処理に関するクレームだけでなく、対応する推論処理に関するクレームについても権利化する必要があると考えられる。

以上のことから、出願対象の発明が訓練処理に特徴を有する発明であっても、訓練処理に関するクレームだけでなく、この訓練処理によって訓練・生成された訓練済み機械学習モデルを利用した推論処理に関するクレームについても権利化を図ることが重要であると考える。

このため、類型Ⅰの訓練処理に関する発明のクレームとしては、訓練装置、訓練方法及び訓練プログラムのクレームだけでなく、推論装置、推論方法及び／又は推論プログラムなどのクレームを記載することも検討してよいと考える。

すなわち、訓練処理に関する発明について、訓練装置、訓練方法、訓練プログラムだけでなく、この訓練処理によって訓練・生成された訓練済み機械学習モデルを利用した推論処理に関する推論装置、推論方法及び推論プログラムのクレームを記載することも検討すべきであると考える。

（2）訓練装置、訓練方法及び訓練プログラム

では、訓練装置、訓練方法及び訓練プログラムは、具体的にどのように記載できるであろうか。例えば典型的な分類問題に関する教師あり学習では、訓練対象の機械学習モデルは、訓練データ（「動物の画像」など）と対応する正解ラベル（「イヌ」など）とのペアから構成される訓練データセットを利用して訓練・生成される。

すなわち、訓練データが訓練対象の機械学習モデルに入力され、訓練対

象の機械学習モデルから処理結果が出力される。

この処理結果と入力された訓練データに対応する正解ラベルとの誤差が算出され、算出された誤差に応じて訓練対象の機械学習モデルのパラメータが調整される。このような訓練対象の機械学習モデルに対し、新規な訓練アルゴリズムに従って訓練処理を実行する訓練装置は、例えば以下のように記載することができると考える。

【訓練装置】
ⅰ）訓練データと正解ラベルとを含む訓練データセットを取得する取得部と、
ⅱ）前記訓練データを訓練対象モデルに入力し、前記訓練対象モデルから処理結果を取得する処理部と、
ⅲ）<u>訓練アルゴリズムに従って、</u>前記正解ラベルと前記処理結果との誤差に基づいて前記訓練対象モデルを訓練する訓練部と、
を有する、訓練装置。

上記訓練装置は、第3章において記載した訓練装置の汎用的なクレーム構成に、「訓練アルゴリズムに従って」を追加したものであることに留意されたい。図2に示すように、訓練装置は発明特定事項ⅰ）～ⅲ）によって記載できる。

発明特定事項ⅰ）は、訓練対象モデルに入力される訓練データセットの取得に関するものである。典型的には、事前にデータベース等に準備された訓練データと正解ラベルとから構成される訓練データセットが、訓練装置によって取得されることについて記載している。

発明特定事項ⅱ）は、訓練対象モデルの実行に関するものである。すなわち、訓練対象モデルに訓練データが入力され、入力された訓練データに対して訓練対象モデルが実行される。そして、訓練対象モデルの処理結果が、訓練装置によって取得されることについて記載している。

発明特定事項ⅲ）は、訓練対象モデルの訓練に関するものである。訓練対象モデルに入力された訓練データに対応する正解ラベルと、訓練対象モ

デルからの処理結果との誤差が算出され、算出された誤差に基づいて、出願対象の訓練アルゴリズムに従って訓練対象モデルのパラメータが調整されるなど、訓練対象モデルが訓練装置によって訓練される。

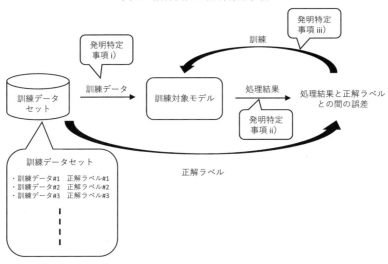

図2　訓練装置の発明特定事項

　若干、文言の相違はあったとしても、訓練装置は、これらの発明特定事項ⅰ）～ⅲ）によって記載することができると考える。
　なお、カテゴリ違いの訓練方法及び訓練プログラムも同様に、以下のように記載できる。

【訓練方法】
　ⅰ）訓練データと正解ラベルとを含む訓練データセットを取得することと、
　ⅱ）前記訓練データを訓練対象モデルに入力し、前記訓練対象モデルから処理結果を取得することと、
　ⅲ）<u>訓練アルゴリズムに従って、</u>前記正解ラベルと前記処理結果との誤差に基づいて前記訓練対象モデルを訓練することと、
をコンピュータが実行する、訓練方法。

【訓練プログラム】
 ⅰ）訓練データと正解ラベルとを含む訓練データセットを取得することと、
 ⅱ）前記訓練データを訓練対象モデルに入力し、前記訓練対象モデルから処理結果を取得することと、
 ⅲ）<u>訓練アルゴリズムに従って、</u>前記正解ラベルと前記処理結果との誤差に基づいて前記訓練対象モデルを訓練することと、
をコンピュータに実行させる、訓練プログラム。

（3）推論装置、推論方法及び推論プログラム

では、このような訓練処理により訓練された訓練済みモデルを利用して推論処理を実行する推論装置、推論方法及び推論プログラムは、具体的にどのように記載すべきであろうか。例えば上述した新規な訓練アルゴリズムに従って訓練・生成された訓練済みモデルでは、図3に示すように推論対象データが訓練済みモデルに入力され、訓練済みモデルから推論結果が出力される。

図3　訓練処理に関する発明の推論処理

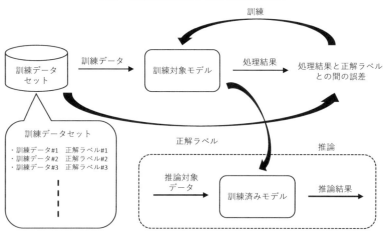

第5章 類型Ⅰ 訓練処理に関する発明

このような訓練済みモデルを利用して推論処理を実行する推論装置は、典型的には、以下のように記載することができると考える。

【推論装置】
ⅰ）推論対象データを取得する取得部と、
ⅱ）前記推論対象データを訓練済みモデルに入力し、前記訓練済みモデルから推論結果を取得する処理部と、
を有し、
ⅲ）前記訓練済みモデルは、訓練アルゴリズムに従って、訓練データに対する訓練対象モデルの処理結果と正解ラベルとの誤差に基づいて訓練されている、推論装置。

上記の推論装置は、第3章で記載した推論装置の汎用的なクレーム構成に、「訓練アルゴリズムに従って」を追加したものであることに留意されたい。図4に示すように推論装置は発明特定事項ⅰ）～ⅲ）によって記載できる。

図4　推論装置の発明特定事項

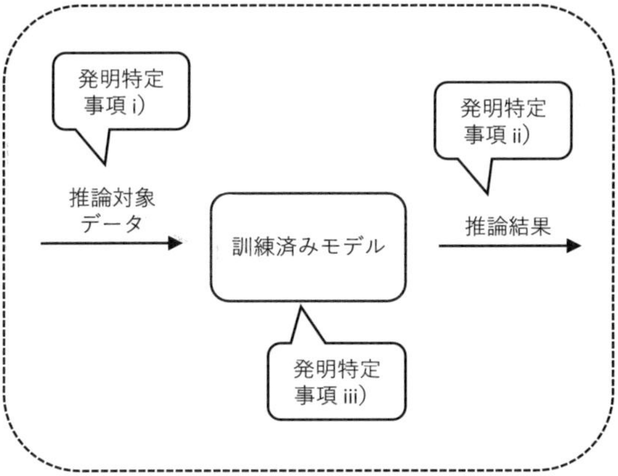

発明特定事項ⅰ）は、訓練済みモデルに入力される推論対象データの取得に関するものである。すなわち、推論対象データが推論装置によって取得されることについて記載している。

発明特定事項ⅱ）は、訓練済みモデルの実行に関するものである。すなわち、訓練済みモデルに推論対象データが入力され、推論対象データに対して実行された訓練済みモデルからの推論結果が推論装置によって取得されることについて記載している。

　発明特定事項ⅲ）は、訓練済みモデルがどのように訓練・生成されたに関するものである。すなわち、訓練対象モデルに入力された訓練データに対応する正解ラベルと、訓練対象モデルの処理結果との誤差が算出され、算出された誤差に基づいて、訓練アルゴリズムに従って訓練対象モデルのパラメータが調整されるなど、訓練対象モデルをどのように訓練するかによって、訓練済みモデルが取得されることについて記載している。

　若干、文言の相違はあったとしても、推論装置は、これらの発明特定事項ⅰ）～ⅲ）によって記載することができると考える。ここで、推論処理自体は発明特定事項ⅰ）及びⅱ）によって記載されているが、推論処理に用いられる訓練済みモデルがどのような訓練処理によって訓練・生成されたものであるかについて、明確性の拒絶理由を指摘されないようにクレームに記載した方がよいと考える。

　なお、発明特定事項ⅱ）を以下のように記載してもよい。

【推論装置】
　ⅰ）推論対象データを取得する取得部と、
　ⅱ'）<u>訓練済みモデルを利用して、</u>前記推論対象データから推論結果を取得する処理部と、
を有し、
　ⅲ）前記訓練済みモデルは、<u>訓練アルゴリズムに従って、</u>訓練データに対する訓練対象モデルの処理結果と正解ラベルとの誤差に基づいて訓練されている、推論装置。

　すなわち、上述した発明特定事項ⅱ）の前記推論対象データを訓練済みモデルに入力し、前記訓練済みモデルから推論結果を取得する処理部では、訓練済みモデルに推論対象データを入力することを明記している。

一方、ここに記載した発明特定事項ⅱ')の訓練済みモデルを利用して、前記推論対象データから推論結果を取得する処理部では、訓練済みモデルを利用して推論対象データから推論結果を取得することを記載するのみで、推論対象データが訓練済みモデルに入力されることは明記していない。

例えば以降の章で述べるように、推論対象データを前処理し、前処理された推論対象データを訓練済みモデルに入力した場合、発明特定事項ⅱ)を充足しないおそれがある。一方、発明特定事項ⅱ')では、訓練済みモデルへの入力データを明示的に記載しないことによって、推論対象データが前処理された後、訓練済みモデルに入力されるケースであっても、文言上は発明特定事項を充足すると主張することも可能となり得る。これにより、侵害者が権利範囲を容易に回避することを防止できる。

以降においては、説明の便宜上、発明特定事項ⅱ)を用いることにするが、実務上は発明特定事項ⅱ')を採用することが適切なケースもあると考える。このため、出願対象の発明と当該発明に対して想定され得る実施形態とに基づいて、どちらを採用するか検討すべきと考える。

カテゴリ違いの推論方法及び推論プログラムは、以下のように記載できる。

【推論方法】
ⅰ) 推論対象データを取得することと、
ⅱ) 前記推論対象データを訓練済みモデルに入力し、前記訓練済みモデルから推論結果を取得することと、
をコンピュータが実行し、
ⅲ) 前記訓練済みモデルは、<u>訓練アルゴリズムに従って、</u>訓練データに対する訓練対象モデルの処理結果と正解ラベルとの誤差に基づいて訓練されている、推論方法。

【推論プログラム】
ⅰ）推論対象データを取得することと、
ⅱ）前記推論対象データを訓練済みモデルに入力し、前記訓練済みモデルから推論結果を取得することと、
をコンピュータに実行させ、
ⅲ）前記訓練済みモデルは、訓練アルゴリズムに従って、訓練データに対する訓練対象モデルの処理結果と正解ラベルとの誤差に基づいて訓練されている、推論プログラム。

（4）機械学習モデル自体のクレーム

　ここまで、類型Ⅰの訓練処理に関するAI関連発明について、訓練処理に関する訓練装置、訓練方法及び訓練プログラムのクレームと、推論処理に関する推論装置、推論方法及び推論プログラムのクレームとを分けて記載することについて述べた。また、訓練装置、訓練方法及び訓練プログラムと、推論装置、推論方法及び推論プログラムとを、汎用的なクレーム構成を用いて具体的にどのように記載すべきかについて述べた。

　ここでは、類型Ⅰの訓練処理に関するクレームと推論処理に関するクレームとに加えて、機械学習モデル自体のクレームをどのように記載できるかについて説明する。例えば新規な訓練アルゴリズムに従って訓練・生成された機械学習モデルは、典型的には、以下のように記載することができると考える。

【機械学習モデル】
ⅰ）推論対象データを取得することと、
ⅱ）前記推論対象データに対する推論結果を出力することと、
をコンピュータに実行させる機械学習モデルであって、
ⅲ）前記機械学習モデルは、訓練アルゴリズムに従って、訓練データに対する訓練対象モデルの処理結果と正解ラベルとに基づいて訓練されている、機械学習モデル。

ここに記載した機械学習モデルは、深層学習モデルを含む各種機械学習モデルを教師あり学習によって訓練した機械学習モデルの汎用的なクレーム構成となっている。発明特定事項ⅰ）及びⅱ）は、機械学習モデルが推論対象データに対する推論処理を実行することについて記載している。

　発明特定事項ⅲ）は、機械学習モデルが訓練対象モデルからどのように訓練・生成されたかについて、すなわち、訓練対象モデルに入力された訓練データに対応する正解ラベルと、訓練対象モデルの処理結果との誤差が算出され、算出された誤差に基づいて、訓練アルゴリズムに従って訓練対象モデルが訓練されることについて記載している。

3．訓練処理に関する発明の実施例の書き方

（1）基本的な考え方

　第3章のAI関連発明の特許明細書作成において、出願対象のAI関連発明を明細書に説明するための実施例について、「訓練処理に関する実施例と、推論処理に関する実施例とを『分けて』記載する」という基本的な考え方を述べた。

　この基本的な考え方に沿って、訓練処理に特徴を有する発明の実施例について、訓練処理と推論処理との双方の処理が混在した実施例でなく、訓練処理に関する実施例と、推論処理に関する実施例とを分けて記載することを提案する。

　訓練処理に関する発明のクレームについて、訓練処理に関するクレームと、推論処理に関するクレームとを分けて記載し、出願対象の発明が特徴とする訓練対象モデルを訓練する訓練処理に関するクレームだけでなく、当該訓練処理によって訓練された訓練済みモデルを利用した推論処理に関するクレームも記載することを述べた。

　このように、訓練処理に関するクレームと推論処理に関するクレームとを分けて記載することを反映し、訓練対象モデルの訓練処理に関するクレームをサポートするための訓練処理に関する実施例と、当該訓練処理によって訓練された訓練済みモデルを利用した推論処理に関するクレームをサポートするための推論処理に関する実施例とについても明細書・図面に分けて記載することを提案する。

　すなわち、出願対象の発明が訓練処理に特徴を有する発明であったとしても、当該訓練処理に関する実施例だけでなく、当該訓練処理によって訓練・生成された訓練済みモデルを利用した推論処理に関する実施例もまた、明細書・図面に開示することを提案する。

　明細書・図面においては、訓練処理に関する実施例をまず記載し、その後、当該訓練処理によって訓練・生成された訓練済みモデルを利用した推論処理に関する実施例を記載することが説明する際の自然な流れであると考える。

すなわち、訓練対象の機械学習モデルをどのように訓練・生成したかをまず説明し、その後に訓練済み機械学習モデルをどのように利用するかを説明することが適切であると考える。

（２）訓練データセットに関する留意点

訓練対象の機械学習モデルを訓練するための訓練データセットをどのように入手・作成できるか、明細書に開示する必要があると考える。

訓練データと正解ラベルとが具体的にどのようなデータであるかについては、明細書に開示されているケースが大部分であると考える。他方、それらがどのように入手・作成可能であるかについて、当業者に容易に想到し得るものでない場合、訓練データセットの入手・作成方法を明細書に開示する必要があると考える。

これは、訓練データセットの入手・作成方法が不明である場合、明細書における開示が不十分であると審査官から判断され、実施可能要件違反（特許法36条4項1号）の拒絶理由が通知されることになり得る。

例えば訓練データがイヌの画像であり、正解ラベルが犬種（「チワワ、プードル」など）である場合、人手によって正解ラベルを作成することによって、訓練データセットは入手・作成可能であると考えられる。このような場合、訓練データセットをどのように入手・作成するか明細書に十分開示しなくても、実施可能要件違反が指摘される可能性は低いと予想される。

一方、訓練データがイヌの画像であり、正解ラベルが当該画像のイヌと他の特定のイヌとの類似度を示す数値である場合、このような類似度を示す数値は、イヌ同士が類似しているか否かは観察する者に応じて様々であると考えられ、人手によっては容易には決定できないと考えられる。

したがって、このような類似度を示す数値をどのように入手できるか、明細書に開示する必要があると考える。

4．訓練処理に関する発明の仮想事例に対する特許明細書

訓練処理に関する発明の一つの仮想事例として、出願対象の発明が、製品の欠陥の有無を判定する欠陥有無判定モデルのための新規な訓練アルゴリズムに特徴を有するケースを考える。具体的には、当該訓練アルゴリズムに従って、訓練対象の欠陥有無判定モデルを訓練する訓練装置における処理は、図5のように図示し得る。

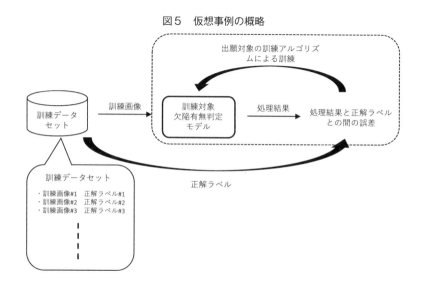

図5　仮想事例の概略

すなわち、判定対象の製品を撮像した訓練画像と、撮像した製品の欠陥の有無を示す正解ラベルとのペアから構成される訓練データセットがデータベースに格納されている。

訓練装置は、このデータベースから訓練データセットを取得し、取得した訓練画像を訓練対象の欠陥有無判定モデルに入力し、訓練対象の欠陥有無判定モデルから処理結果を取得する。

そして、訓練装置は、データベースから取得した正解ラベルと処理結果との誤差を算出し、本発明による訓練アルゴリズムに従って、算出した誤差に基づいて訓練対象の欠陥有無判定モデルを訓練する。

このとき、訓練装置のクレームは、例えば以下のように記載できる。

【訓練装置】
ⅰ）訓練画像と正解ラベルとを含む訓練データセットを取得する取得部と、
ⅱ）前記訓練画像を訓練対象の欠陥有無判定モデルに入力し、前記訓練対象の欠陥有無判定モデルから処理結果を取得する処理部と、
ⅲ）訓練アルゴリズムに従って、前記正解ラベルと前記処理結果との誤差に基づいて前記訓練対象の欠陥有無判定モデルを訓練する訓練部と、
を有する、訓練装置。

また、この訓練装置に対応する訓練方法及び訓練プログラムのクレームは、以下のように記載され得る。

【訓練方法】
ⅰ）訓練画像と正解ラベルとを含む訓練データセットを取得することと、
ⅱ）前記訓練画像を訓練対象の欠陥有無判定モデルに入力し、前記訓練対象の欠陥有無判定モデルから処理結果を取得することと、
ⅲ）訓練アルゴリズムに従って、前記正解ラベルと前記処理結果との誤差に基づいて前記訓練対象の欠陥有無判定モデルを訓練することと、
をコンピュータが実行する、訓練方法。

【訓練プログラム】
 ⅰ) 訓練画像と正解ラベルとを含む訓練データセットを取得すること と、
 ⅱ) 前記訓練画像を訓練対象の欠陥有無判定モデルに入力し、前記訓練対象の欠陥有無判定モデルから処理結果を取得することと、
 ⅲ) 訓練アルゴリズムに従って、前記正解ラベルと前記処理結果との誤差に基づいて前記訓練対象の欠陥有無判定モデルを訓練することと、
をコンピュータに実行させる、訓練プログラム。

　また、上述したように、訓練処理に特徴を有する発明についても、当該訓練処理によって訓練・生成された訓練済み欠陥有無判定モデルを利用した推論処理に関するクレームを併せて記載することが適切であると考える。

図6　仮想事例の訓練装置と推論装置

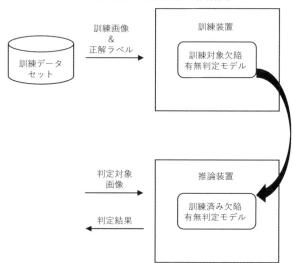

すなわち、推論装置は、訓練装置によって訓練・生成された訓練済み欠陥有無判定モデルを取得する。

そして、判定対象の製品を撮像した判定対象画像を取得すると、推論装置は、取得した判定対象画像を訓練済み欠陥有無判定モデルに入力し、訓練済み欠陥有無判定モデルから判定結果を取得する。

このとき、推論装置のクレームは、例えば以下のように記載できる。

【推論装置】
　ⅰ）判定対象画像を取得する取得部と、
　ⅱ）前記判定対象画像を訓練済み欠陥有無判定モデルに入力し、前記訓練済み欠陥有無判定モデルから判定結果を取得する処理部と、
を有し、
　ⅲ）前記訓練済み欠陥有無判定モデルは、訓練アルゴリズムに従って、訓練画像に対する訓練対象の欠陥有無判定モデルの処理結果と正解ラベルとの誤差に基づいて訓練されている、推論装置。

また、この推論装置に対応する推論方法及び推論プログラムのクレームは、以下のように記載され得る。

【推論方法】
　ⅰ）判定対象画像を取得することと、
　ⅱ）前記判定対象画像を訓練済み欠陥有無判定モデルに入力し、前記訓練済み欠陥有無判定モデルから判定結果を取得することと、
をコンピュータが実行し、
　ⅲ）前記訓練済み欠陥有無判定モデルは、訓練アルゴリズムに従って、訓練画像に対する訓練対象の欠陥有無判定モデルの処理結果と正解ラベルとの誤差に基づいて訓練されている、推論方法。

【推論プログラム】
ⅰ）判定対象画像を取得することと、
ⅱ）前記判定対象画像を訓練済み欠陥有無判定モデルに入力し、前記訓練済み欠陥有無判定モデルから判定結果を取得することと、
をコンピュータに実行させ、
ⅲ）前記訓練済み欠陥有無判定モデルは、訓練アルゴリズムに従って、訓練画像に対する訓練対象の欠陥有無判定モデルの処理結果と正解ラベルとの誤差に基づいて訓練されている、推論プログラム。

このように、上述したAI関連発明のクレームの記載に関する基本的な考え方に沿って、訓練装置、訓練方法、訓練プログラムの訓練処理に関するクレームと、推論装置、推論方法、推論プログラムの推論処理に関するクレームとを分けて記載する。さらに、機械学習モデル自体のクレームとして欠陥有無判定モデルのクレームは、以下のように記載され得る。

【欠陥有無判定モデル】
ⅰ）判定対象画像を取得することと、
ⅱ）前記判定対象画像に対する判定結果を出力することと、
をコンピュータに実行させる欠陥有無判定モデルであって、
ⅲ）前記欠陥有無判定モデルは、訓練アルゴリズムに従って、訓練画像に対する訓練対象の欠陥有無判定モデルの処理結果と正解ラベルとの誤差に基づいて訓練されている、欠陥有無判定モデル。

このような訓練装置、訓練方法、訓練プログラムの訓練処理に関するクレームと、推論装置、推論方法、推論プログラムの推論処理に関するクレームとを権利化するため、これらのクレームをサポートする実施例を明細書・図面に記載する。具体的には、上述した基本的な考え方に沿って、訓練処理と推論処理との双方の処理が混在した実施例でなく、訓練処理に関する

実施例と、推論処理に関する実施例とを分けて記載する。

【書類名】明細書
【発明の名称】訓練装置、訓練方法、訓練プログラム、推論装置、推論方法、推論プログラム及び欠陥有無判定モデル
【技術分野】
　　【0001】
　本発明は、訓練装置、訓練方法、訓練プログラム、推論装置、推論方法、推論プログラム及び欠陥有無判定モデルに関する。
【背景技術】
　　【0002】
　昨今の深層学習技術の進化によって、画像を処理するための各種機械学習技術が研究開発されてきた。

・・・・・・・・・

　【先行技術文献】
【特許文献】
　　【00XX】
　　【特許文献1】特開20XX-123456号公報
【発明の概要】
【発明が解決しようとする課題】
　　【00XX】
　本発明の課題は、判定対象の画像から判定結果を取得する機械学習モデルを効率的に訓練するための画像判定技術を提供することである。
【課題を解決するための手段】
　　【00XX】
　本発明の一態様は、訓練画像と正解ラベルとを含む訓練データセットを取得する取得部と、前記訓練画像を訓練対象の欠陥有無判定モデルに入力し、前記訓練対象の欠陥有無判定モデルから処理結果を取得する処理部と、訓練アルゴリズムに従って、前記正解ラベルと前記処理結果との誤差に基づいて前記訓練対象の欠陥有無判定モデルを訓練する訓練部と、を有する、

訓練装置に関する。

【00XX】

　本発明の他の態様は、判定対象画像を取得する取得部と、前記判定対象画像を訓練済み欠陥有無判定モデルに入力し、前記訓練済み欠陥有無判定モデルから判定結果を取得する処理部と、を有し、前記訓練済み欠陥有無判定モデルは、訓練アルゴリズムに従って、訓練画像に対する訓練対象の欠陥有無判定モデルの処理結果と正解ラベルとの誤差に基づいて訓練されている、推論装置に関する。

【00XX】

　本発明の更なる他の態様は、判定対象画像を取得することと、前記判定対象画像に対する判定結果を出力することと、をコンピュータに実行させる欠陥有無判定モデルであって、前記欠陥有無判定モデルは、訓練アルゴリズムに従って、訓練画像に対する訓練対象の欠陥有無判定モデルの処理結果と正解ラベルとの誤差に基づいて訓練されている、欠陥有無判定モデルに関する。

【発明の効果】

【00XX】

　本発明によると、判定対象の画像から判定結果を取得する機械学習モデルを効率的に訓練するための画像判定技術を提供することができる。

【図面の簡単な説明】

【00XX】

【図１】本発明の一実施例による訓練処理を示す概略図である。

【図２】本発明の一実施例による訓練装置及び推論装置のハードウエア構成を示すブロック図である。

【図３】本発明の一実施例による訓練装置の機能構成を示すブロック図である。

【図４】本発明の一実施例による訓練方法を示すフローチャートである。

【図５】本発明の一実施例による推論装置の機能構成を示すブロック図である。

【図６】本発明の一実施例による推論方法を示すフローチャートである。

【発明を実施するための形態】

【00XX】

以下、図面を参照して本開示の実施の形態を説明する。

【00XX】

[概略]

以下の実施例による訓練処理を概略すると、訓練装置100は、判定対象の製品の外観を撮像した画像から当該製品の欠陥の有無を示す処理結果を出力する欠陥有無判定モデルを訓練・生成する。具体的には、図1に示されるように、データベースから訓練データセットを受け付けると、訓練装置100は、訓練対象の欠陥有無判定モデル30に訓練画像を入力し、訓練対象の欠陥有無判定モデル30から処理結果を取得する。そして、訓練装置100は、入力した訓練画像に対応する正解ラベルと処理結果との誤差を算出し、訓練アルゴリズムに従って当該誤差に基づいて訓練対象の欠陥有無判定モデル30のパラメータを調整する。

【00XX】

以下の実施例による訓練アルゴリズムは、正解ラベルを示すベクトルと処理結果とのコサイン類似度を誤差として算出し、算出したコサイン類似度が高くなるよう誤差逆伝播法に従って訓練対象の欠陥有無判定モデル30のパラメータを更新する。

【00XX】

また、推論装置200は、このように訓練された訓練済み欠陥有無判定モデル30を利用して、判定対象の製品の外観を撮像した画像から当該製品の欠陥の有無を判定することができる。

【00XX】

本実施例による訓練アルゴリズムによると、判定対象の製品の外観を撮像した画像から当該製品の欠陥の有無を示す判定結果を取得する機械学習モデルを効率的に訓練することができる。

【00XX】

ここで、訓練装置100及び推論装置200はそれぞれ、サーバ、パーソナルコンピュータ（PC）、スマートフォン、タブレット等の計算装置に

よって実現されてもよく、例えば図2に示されるようなハードウエア構成を有してもよい。すなわち、訓練装置100及び推論装置200はそれぞれ、バスBを介し相互接続されるドライブ装置101、ストレージ装置102、メモリ装置103、プロセッサ104、ユーザインタフェース（UI）装置105及び通信装置106を有する。

【00XX】
訓練装置100及び推論装置200における各種機能及び処理を実現するプログラム又は指示は、CD-ROM（Compact Disk-Read Only Memory）、フラッシュメモリ等の着脱可能な記憶媒体に格納されてもよい。当該記憶媒体がドライブ装置101にセットされると、プログラム又は指示が記憶媒体からドライブ装置101を介しストレージ装置102又はメモリ装置103にインストールされる。ただし、プログラム又は指示は、必ずしも記憶媒体からインストールされる必要はなく、ネットワークなどを介しいずれかの外部装置からダウンロードされてもよい。

【00XX】
ストレージ装置102は、ハードディスクドライブなどによって実現され、インストールされたプログラム又は指示とともに、プログラム又は指示の実行に用いられるファイル、データ等を格納する。

【00XX】
メモリ装置103は、ランダムアクセスメモリ、スタティックメモリ等によって実現され、プログラム又は指示が起動されると、ストレージ装置102からプログラム又は指示、データ等を読み出して格納する。ストレージ装置102、メモリ装置103及び着脱可能な記憶媒体は、非一時的な記憶媒体（non-transitory storage medium）として総称されてもよい。

【00XX】
プロセッサ104は、1つ以上のプロセッサコアから構成され得る1つ以上のCPU（Central Processing Unit）、GPU（Graphics Processing Unit）、処理回路（processing circuitry）等によって実現されてもよく、メモリ装置103に格納されたプログラム、指示、当該プログラム若しくは指示を実行するのに必要なパラメータなどのデータ等に

従って、訓練装置100及び推論装置200の各種機能及び処理を実行する。

【00XX】

ユーザインタフェース（UI）装置105は、キーボード、マウス、カメラ、マイクロフォン等の入力装置、ディスプレイ、スピーカー、ヘッドセット、プリンタ等の出力装置、タッチパネル等の入出力装置から構成されてもよく、ユーザと訓練装置100及び推論装置200との間のインタフェースを実現する。例えばユーザは、ディスプレイ又はタッチパネルに表示されたGUI（Graphical User Interface）をキーボード、マウス等を操作し、訓練装置100及び推論装置200を操作してもよい。

【00XX】

通信装置106は、外部装置、インターネット、LAN（Local Area Network）、セルラーネットワーク等の通信ネットワークとの有線及び／又は無線通信処理を実行する各種通信回路により実現される。

【00XX】

しかしながら、上述したハードウエア構成は単なる一例であり、本発明による訓練装置100及び推論装置200は、他のいずれか適切なハードウエア構成により実現されてもよい。

【00XX】

[訓練装置]

次に、本発明の一実施例による訓練装置100を説明する。図3は、本発明の一実施例による訓練装置100の機能構成を示すブロック図である。図3に示されるように、訓練装置100は、取得部110、処理部120及び訓練部130を有する。取得部110、処理部120及び訓練部130の各機能部は、訓練装置100のメモリ装置103に格納されているコンピュータプログラムがプロセッサ104によって実行されることによって実現されてもよい。

【00XX】

取得部110は、訓練画像と正解ラベルとを含む訓練データセットを取得する[1]。具体的には、取得部110は、データベースから訓練データセットを取得し、取得した訓練画像を処理部120に提供し、当該訓練画像に

対応する正解ラベルを訓練部130に提供する。
・・・・・・・・・[2]

【00XX】
処理部120は、訓練画像を訓練対象の欠陥有無判定モデル30に入力し、訓練対象の欠陥有無判定モデル30から処理結果を取得する[3]。例えば訓練対象の欠陥有無判定モデル30が畳み込みニューラルネットワークモデルとして実現される場合、処理部120は、訓練対象の欠陥有無判定モデル30の入力レイヤに訓練画像を入力し、畳み込みレイヤとプーリングレイヤとの複数のペアから構成される中間レイヤを経て、訓練対象の欠陥有無判定モデル30の出力レイヤから処理結果を取得する。
・・・・・・・・・[4]

【00XX】
訓練部130は、訓練アルゴリズムに従って、正解ラベルと処理結果との間の誤差に基づいて訓練対象の欠陥有無判定モデル30を訓練する[5]。具体的には、訓練部130は、正解ラベルと処理結果とのコサイン類似度を算出し、算出したコサイン類似度が高くなるように、誤差逆伝播法に従って訓練対象の欠陥有無判定モデル30のパラメータを更新する。
・・・・・・・・・[6]

【00XX】
上述した訓練装置100によると、判定対象の製品の外観を撮像した画像から当該製品の欠陥の有無を示す判定結果を取得する欠陥有無判定モデル30を効率的に訓練することができる。

1 　請求項1の「訓練装置」の「訓練画像と正解ラベルとを含む訓練データセットを取得する取得部」に対応する文言を記載する。
2 　「取得部」による処理を実施可能な程度に記載する。
3 　「訓練装置」の「前記訓練画像を訓練対象の欠陥有無判定モデルに入力し、前記訓練対象の欠陥有無判定モデルから処理結果を取得する処理部」に対応する文言を記載する。
4 　「処理部」による処理を実施可能な程度に記載する。
5 　「訓練装置」の「訓練アルゴリズムに従って、前記正解ラベルと前記処理結果との誤差に基づいて前記訓練対象の欠陥有無判定モデルを訓練する訓練部」に対応する文言を記載する。
6 　「訓練部」による処理を実施可能な程度に記載する。

第 5 章　類型 I　訓練処理に関する発明

【00XX】
[訓練方法]
次に、本発明の一実施例による訓練方法を説明する。図4は、本発明の一実施例による訓練方法を示すフローチャートである。当該訓練方法は、上述した訓練装置100によって実現されてもよい。具体的には、当該訓練方法は、訓練装置100のメモリ装置103に格納されているプログラムがプロセッサ104によって実行されることによって実現されてもよい。

【00XX】
図4に示されるように、ステップS101において、訓練装置100は、訓練画像と正解ラベルとから構成される訓練データセットを取得する[7]。

・・・・・・・・・

【00XX】
ステップS102において、訓練装置100は、訓練対象の欠陥有無判定モデル30に訓練画像を入力する[8]。

・・・・・・・・・

【00XX】
ステップS103において、訓練装置100は、訓練対象の欠陥有無判定モデル30から処理結果を取得する[9]。

・・・・・・・・・

【00XX】
ステップS104において、訓練装置100は、処理結果と正解ラベルとの誤差を算出する[10]。

7　請求項2の「訓練方法」の「訓練画像と正解ラベルとを含む訓練データセットを取得すること」に対応する文言を記載する。
8　「訓練方法」の「前記訓練画像を訓練対象の欠陥有無判定モデルに入力し」に対応する文言を記載する。
9　「訓練方法」の「前記訓練対象の欠陥有無判定モデルから処理結果を取得すること」に対応する文言を記載する。
10　「訓練方法」の「前記正解ラベルと前記処理結果との誤差」に対応する文言を記載する。

・・・・・・・・・

【00XX】
　ステップS105において、訓練装置100は、訓練アルゴリズムに従って、算出した誤差に基づいて訓練対象の欠陥有無判定モデル30を訓練する[11]。

・・・・・・・・・

【00XX】
　ステップS106において、訓練装置100は、終了条件を充足したか判定する。終了条件を充足していない場合（S106：NO）、当該訓練方法は、ステップS102に戻って、上述したステップS102～S106を繰り返す。他方、終了条件を充足している場合（S106：YES）、当該訓練方法は終了し、最終的に取得された欠陥有無判定モデル30を訓練済み欠陥有無判定モデル30として推論装置200に提供する。

・・・・・・・・・

【00XX】
　上述した訓練方法によると、判定対象の製品の外観を撮像した画像から当該製品の欠陥の有無を示す判定結果を取得する欠陥有無判定モデル30を効率的に訓練することができる。

【00XX】
［推論装置］
　次に、本発明の一実施例による推論装置200を説明する。図5は、本発明の一実施例による推論装置200の機能構成を示すブロック図である。図5に示されるように、推論装置200は、取得部210及び処理部220を有する。取得部210及び処理部220の各機能部は、推論装置200のメモリ装置103に格納されているコンピュータプログラムがプロセッサ104によって実行されることによって実現されてもよい。

【00XX】

---

11 「訓練方法」の「訓練アルゴリズムに従って、…前記訓練対象の欠陥有無判定モデルを訓練すること」に対応する文言を記載する。

取得部210は、判定対象画像を取得する[12]。具体的には、取得部210は、判定対象の製品の外観を撮像した画像を取得し、取得した画像を処理部220に提供する。

・・・・・・・・[13]

【00XX】

処理部220は、判定対象画像を訓練済み欠陥有無判定モデル30に入力し、訓練済み欠陥有無判定モデル30から判定結果を取得する[14]。具体的には、処理部220は、取得部210から取得した製品の外観を撮像した画像を訓練済み欠陥有無判定モデル30に入力し、当該訓練済み欠陥有無判定モデル30を実行することによって処理結果を取得する。

・・・・・・・・[15]

【00XX】

ここでの訓練済み欠陥有無判定モデル30は、訓練アルゴリズムに従って、訓練画像に対する訓練対象の欠陥有無判定モデル30の処理結果と正解ラベルとの誤差に基づいて訓練されている。すなわち、訓練済み欠陥有無判定モデル30は、判定対象画像を取得することと、判定対象画像に対する判定結果を出力することと、をコンピュータに実行させ、訓練アルゴリズムに従って、訓練画像に対する訓練対象の欠陥有無判定モデル30の処理結果と正解ラベルとの誤差に基づいて訓練されている。

・・・・・・・・[16]

【00XX】

上述した推論装置200によると、判定対象の製品の外観を撮像した画像から当該製品の欠陥の有無を示す判定結果を取得するよう訓練された欠

12　請求項4の「推論装置」の「判定対象画像を取得する取得部」に対応する文言を記載する。
13　「取得部」による処理を実施可能な程度に記載する。
14　「推論装置」の「前記判定対象画像を訓練済み欠陥有無判定モデルに入力し、前記訓練済み欠陥有無判定モデルから判定結果を取得する処理部」に対応する文言を記載する。
15　「処理部」による処理を実施可能な程度に記載する。
16　「欠陥有無判定モデル」に対応する文言を記載するとともに、「訓練済み欠陥有無判定モデル」の処理を実施可能な程度に記載する。

陥有無判定モデル30を利用して、製品の欠陥の有無を示す判定結果を取得することができる。

【00XX】
[推論方法]
次に、本発明の一実施例による推論方法を説明する。図6は、本発明の一実施例による推論方法を示すフローチャートである。当該推論方法は、上述した推論装置200によって実現されてもよい。具体的には、当該推論方法は、推論装置200のメモリ装置103に格納されているプログラムがプロセッサ104によって実行されることによって実現されてもよい。

【00XX】
図6に示されるように、ステップS201において、推論装置200は、判定対象画像を取得する[17]。
・・・・・・・・

【00XX】
ステップS202において、推論装置200は、訓練済み欠陥有無判定モデル30に判定対象画像を入力する[18]。
・・・・・・・・

【00XX】
ステップS203において、推論装置200は、訓練済み欠陥有無判定モデル30から判定結果を取得する[19]。
・・・・・・・・

【00XX】
上述した推論方法によると、判定対象の製品の外観を撮像した画像から当該製品の欠陥の有無を示す判定結果を取得するよう訓練された欠陥有無

---

17 請求項5の「推論方法」の「判定対象画像を取得すること」に対応する文言を記載する。
18 「推論方法」の「前記判定対象画像を訓練済み欠陥有無判定モデルに入力し」に対応する文言を記載する。
19 「推論方法」の「前記訓練済み欠陥有無判定モデルから判定結果を取得すること」に対応する文言を記載する。

判定モデル30を利用して、製品の欠陥の有無を示す判定結果を取得することができる。
【00XX】
以上、本開示の実施例について詳述したが、本開示は上述した特定の実施形態に限定されるものではなく、特許請求の範囲に記載された本開示の要旨の範囲内において、種々の変形・変更が可能である。
【符号の説明】
【00XX】
　　20　　データベース
　　30　　欠陥有無判定モデル
　　100　　訓練装置
　　110　　取得部
　　120　　処理部
　　130　　訓練部
　　200　　推論装置
　　210　　取得部
　　220　　処理部

【書類名】特許請求の範囲
【請求項1】
　訓練画像と正解ラベルとを含む訓練データセットを取得する取得部と、
　前記訓練画像を訓練対象の欠陥有無判定モデルに入力し、前記訓練対象の欠陥有無判定モデルから処理結果を取得する処理部と、
　訓練アルゴリズムに従って、前記正解ラベルと前記処理結果との誤差に基づいて前記訓練対象の欠陥有無判定モデルを訓練する訓練部と、
　を有する、訓練装置。
【請求項2】
　訓練画像と正解ラベルとを含む訓練データセットを取得することと、
　前記訓練画像を訓練対象の欠陥有無判定モデルに入力し、前記訓練対象の欠陥有無判定モデルから処理結果を取得することと、

訓練アルゴリズムに従って、前記正解ラベルと前記処理結果との誤差に基づいて前記訓練対象の欠陥有無判定モデルを訓練することと、
　をコンピュータが実行する、訓練方法。
【請求項３】
　訓練画像と正解ラベルとを含む訓練データセットを取得することと、
　前記訓練画像を訓練対象の欠陥有無判定モデルに入力し、前記訓練対象の欠陥有無判定モデルから処理結果を取得することと、
　訓練アルゴリズムに従って、前記正解ラベルと前記処理結果との誤差に基づいて前記訓練対象の欠陥有無判定モデルを訓練することと、
　をコンピュータに実行させる、訓練プログラム。
【請求項４】
　判定対象画像を取得する取得部と、
　前記判定対象画像を訓練済み欠陥有無判定モデルに入力し、前記訓練済み欠陥有無判定モデルから判定結果を取得する処理部と、
　を有し、
　前記訓練済み欠陥有無判定モデルは、訓練アルゴリズムに従って、訓練画像に対する訓練対象の欠陥有無判定モデルの処理結果と正解ラベルとの誤差に基づいて訓練されている、推論装置。
【請求項５】
　判定対象画像を取得することと、
　前記判定対象画像を訓練済み欠陥有無判定モデルに入力し、前記訓練済み欠陥有無判定モデルから判定結果を取得することと、
　をコンピュータが実行し、
　前記訓練済み欠陥有無判定モデルは、訓練アルゴリズムに従って、訓練画像に対する訓練対象の欠陥有無判定モデルの処理結果と正解ラベルとの誤差に基づいて訓練されている、推論方法。
【請求項６】
　判定対象画像を取得することと、
　前記判定対象画像を訓練済み欠陥有無判定モデルに入力し、前記訓練済み欠陥有無判定モデルから判定結果を取得することと、

第5章 類型Ⅰ 訓練処理に関する発明

をコンピュータに実行させ、

　前記訓練済み欠陥有無判定モデルは、訓練アルゴリズムに従って、訓練画像に対する訓練対象の欠陥有無判定モデルの処理結果と正解ラベルとの誤差に基づいて訓練されている、推論プログラム。

【請求項7】

　判定対象画像を取得することと、

　前記判定対象画像に対する判定結果を出力することと、

　をコンピュータに実行させる欠陥有無判定モデルであって、

　前記欠陥有無判定モデルは、訓練アルゴリズムに従って、訓練画像に対する訓練対象の欠陥有無判定モデルの処理結果と正解ラベルとの誤差に基づいて訓練されている、欠陥有無判定モデル。

【書類名】要約書

【要約】

【課題】機械学習モデルを利用して判定対象の画像から判定結果を取得するための画像判定技術を提供することである。

【解決手段】本発明の一態様は、訓練画像と正解ラベルとを含む訓練データセットを取得する取得部と、前記訓練画像を訓練対象の欠陥有無判定モデルに入力し、前記訓練対象の欠陥有無判定モデルから処理結果を取得する処理部と、訓練アルゴリズムに従って、前記正解ラベルと前記処理結果との誤差に基づいて前記訓練対象の欠陥有無判定モデルを訓練する訓練部と、を有する、訓練装置に関する。

【選択図】図1

【図1】

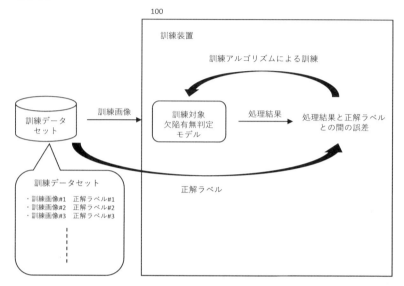

【図2】第3章p.81の【図2】と同一につき省略
【図3】第3章p.81の【図3】と同一につき省略

第5章 類型Ⅰ 訓練処理に関する発明

【図4】

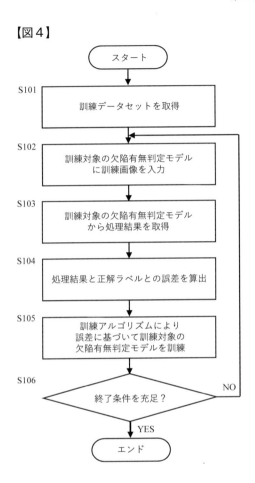

【図5】第3章 p.82 の【図5】と同一につき省略

【図6】

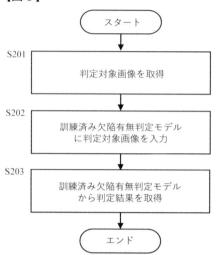

5．論文発明について

　訓練処理に関する発明は、学術論文や学会発表等の対象となることが多い。このように学術的な研究成果に関する発明をここでは「論文発明」と呼ぶことにする。論文発明は、個別の推論タスクに限定されず、より一般的な機械学習モデル、深層学習モデルなどに適用され得ることが多い。例えば新規な訓練アルゴリズムや訓練手順、新規な機械学習手法やモデルアーキテクチャなどが論文発明となり得る。

　学術論文等に発表される研究成果は、その適用範囲が広いほど、すなわち、一般化・汎化性の程度が高いほど優れた研究成果であると判断される傾向がある。このため、学術論文等における考察対象のモデルは、記号や数式等によって定式化された抽象的なモデルとして記述され、論理的・数学的演繹[20]を経て何らかの定理や結論が導かれる。このような理由のため、特許明細書に開示すべき実施例に相当するものは、学術論文等ではほとんど記載されていない。

　したがって、論文発明を特許出願する場合には、学術論文に記載されている内容をそのまま明細書に記載するだけでは不十分であり、論文発明が特定のタスクに適用された場合の処理手順等を実施例として明細書に記載する必要があると考える。

　例えば音声認識に関する学術論文では、論文に掲載した音声認識技術が、どのような場面（例えば窓口、電話受付等において）やビジネス（窓口における来訪者の発話のテキスト化、電話での会話のテキスト化など）に利用できるか、そのような場面やビジネスに利用される際にどのようなハードウエア構成や機能構成によって実現されるかなどを想定して、実施例を作成するようにしてもよい。

　また、特定のタスクに絞れない場合には、想定され得る複数の適用タスクに論文発明を適用した場合の実施例を開示するようにしてもよい。

20　一般的・普遍的な前提から、より個別的で特殊な結論を得る論理的推論方法のこと。一方、「帰納」とは、経験や実験など、個々の具体的な事例から一般的な原理や法則を導き出す論理的思考法のことである。

このように、論文発明について、当該学術論文に掲載された抽象的又は理論的な研究成果だけでなく、適用タスクを想定し、適用タスクに関する実施例を用いて論文発明を明細書・図面に記載することは、当該特許出願を外国出願した際にも効果的であると考える。特に米国特許審査では、クレームが機械学習モデルの実際的な適用に関するものでない場合、発明該当性に関する拒絶理由が指摘されることもある。これを解消できるような実施例の記載になっている必要がある。想定される適用タスクに関する実施例を用いて論文発明を明細書・図面に記載することは重要であると考える。

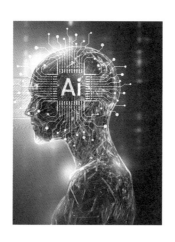

第6章
類型Ⅱ
推論処理に関する発明

1．推論処理に関する発明とは

　AI関連発明のうち、推論処理に関する発明は、訓練済み機械学習モデルを利用して推論対象データから推論結果を取得することに特徴がある発明である。具体的には、あるタイプの推論対象データを訓練済み機械学習モデルに入力し、訓練済み機械学習モデルから推論結果を取得するなどである。

　例えばイヌの画像を訓練データとし、犬種を正解ラベルとする訓練データセットを用いて、いずれか既知の訓練アルゴリズムに従って訓練された訓練済み機械学習モデルを利用して、推論対象のイヌの画像を当該訓練済み機械学習モデルに入力し、訓練済み機械学習モデルから犬種を示す推論結果を取得するなどに関する。

　このように、推論処理に関する発明は、基本的には機械学習モデルに対する入出力データに特徴を有する発明であるといえる。特許庁によると、このタイプのAI関連発明は、「AI利用発明」又は「AI適用発明」として分類されている。

　このような推論処理に関する発明では、その実行主体は、推論処理を実行する推論装置であると考えられ、典型的には、サーバ、パーソナルコンピュータ等の計算機によって実現され得る。

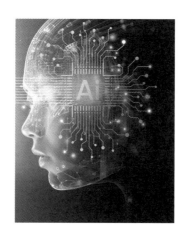

2．推論処理に関する発明のクレームの書き方

(1) 基本的な考え方

　類型Ⅰの訓練処理に関する発明のクレームと同様、類型Ⅱの推論処理に関する発明についても「訓練処理に関するクレームと、推論処理に関するクレームとを『分けて』記載する」という基本的な考え方が適用できる。

　すなわち、類型Ⅱの推論処理に関する発明についても、訓練処理と推論処理との双方の処理が混在したクレームでなく、訓練処理に関するクレームと、推論処理に関するクレームとを分けて記載すること、すなわち、訓練処理に関する独立形式のクレームと、推論処理に関する独立形式のクレームとを個別に記載することを提案する。このため、類型Ⅱの推論処理に関する発明のクレームとしては、まず、推論装置、推論方法及び／又は推論プログラムなどのクレームを記載することを考える。

　すなわち、訓練済み機械学習モデルをどのように利用するかに特徴がある推論処理に関する発明について、まずは推論装置、推論方法及び推論プログラムなどの推論処理に関するクレームの権利化を図ることが自然であると考える。

　他方、推論処理に関する発明について、訓練済み機械学習モデルを訓練する訓練装置、訓練方法及び訓練プログラムなどの訓練処理に関するクレームが必要か否かについては、ケース・バイ・ケースであると考える。本章が対象とする推論処理に関する発明は、基本的には、入力データと出力データとの組合せに特徴はあるものの、公知の訓練手法又は訓練アルゴリズムに従って訓練された訓練済み機械学習モデルを利用したものである。すなわち、このような推論処理に関する発明では、当該推論処理に利用される訓練済み機械学習モデルを訓練するための訓練処理自体には、公知の訓練手法又は訓練アルゴリズムが利用されており、特許性に対する有意な特徴はなく、特許性を主張することは困難であるかもしれない。

　また、訓練済み機械学習モデルを利用した推論処理に関する発明の実施主体が当該訓練済み機械学習モデルを訓練するための訓練処理の実施主体になり得ない場合、訓練装置等の訓練処理に関するクレームが権利化できたとしても、権利行使の機会はほとんどないかもしれない。

このため、推論処理に関する発明では、訓練装置、訓練方法及び訓練プログラムの権利化を図るか否かは、ケース・バイ・ケースで判断することが適当であろう。

一方、推論処理に関する発明について、機械学習モデル自体のクレームを記載することが有用であるケースもある。推論処理に関する発明では、訓練済み機械学習モデルが利用されるが、この訓練済み機械学習モデル自体を権利化したいという要請もあり得る。このような場合、訓練済み機械学習モデル自体のクレームを記載することは意味があると考える。

以上のことから、推論処理に関する発明では、推論装置、推論方法、推論プログラムなどの推論処理に関するクレームと、必要に応じて、訓練装置、訓練方法、訓練プログラムなどの訓練処理に関するクレーム及び機械学習モデル自体のクレームを記載することを検討してもよいと考える。

（2）推論装置、推論方法及び推論プログラム

では、このような訓練済み機械学習モデルを利用して推論処理を実行する推論装置、推論方法及び推論プログラムは、具体的にどのように記載すべきであろうか。結論としては、第5章で述べた訓練処理に関する発明の推論装置、推論方法及び推論プログラムと同様に記載できると考える。

すなわち、訓練済み機械学習モデルを利用して推論処理を実行する推論装置は、典型的には、以下のように記載することができると考える。

【推論装置】
　ⅰ）推論対象データを取得する取得部と、
　ⅱ）前記推論対象データを訓練済みモデルに入力し、前記訓練済みモデルから推論結果を取得する処理部と、
　を有し、
　ⅲ）前記訓練済みモデルは、訓練データに対する訓練対象モデルの処理結果と正解ラベルとの誤差に基づいて訓練されている、推論装置。

第6章　類型Ⅱ　推論処理に関する発明

　ここに記載した推論装置は、第3章において記載した推論装置の汎用的なクレーム構成と同じであるが、実際には推論対象データ及び推論結果が出願対象の発明に対応して具体的に特定されることに留意されたい。図1に示すように、推論装置は発明特定事項ⅰ）〜ⅲ）によって記載できる。

　発明特定事項ⅰ）は、訓練済みモデルに入力される推論対象データの取得に関するものである。すなわち、推論対象データが、推論装置によって取得されることについて記載している。

　発明特定事項ⅱ）は、訓練済みモデルの実行に関するものである。すなわち、訓練済みモデルに推論対象データが入力され、入力された推論対象データに対して訓練済みモデルが実行される。そして、訓練済みモデルの推論結果が、推論装置によって取得されることについて記載している。

　発明特定事項ⅲ）は、訓練済みモデルがどのように訓練対象モデルから訓練・生成されたかに関するものである。すなわち、訓練対象モデルに入力された訓練データに対応する正解ラベルと、訓練対象モデルの処理結果との間の誤差が算出され、算出された誤差に基づいて訓練対象モデルのパラメータが調整されるなど、訓練対象モデルをどのように訓練するかによって訓練済みモデルが取得されることについて記載している。

図1　推論処理に関する発明

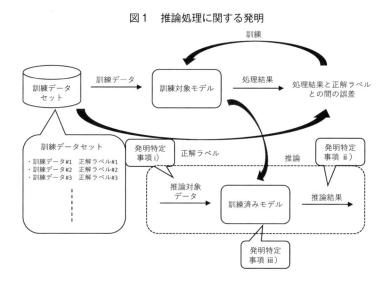

文言の若干の相違はあったとしても、推論装置は、これらの発明特定事項ⅰ）～ⅲ）によって記載することができると考える。
　ここで、発明特定事項ⅱ）を以下のように記載してもよい。

【推論装置】
　ⅰ）推論対象データを取得する取得部と、
　ⅱ'）訓練済みモデルを利用して、前記推論対象データから推論結果を取得する処理部と、
を有し、
　ⅲ）前記訓練済みモデルは、訓練データに対する訓練対象モデルの処理結果と正解ラベルとの誤差に基づいて訓練されている、推論装置。

　なお、カテゴリ違いの推論方法及び推論プログラムは、同様にして、以下のように記載できる。

【推論方法】
　ⅰ）推論対象データを取得することと、
　ⅱ）前記推論対象データを訓練済みモデルに入力し、前記訓練済みモデルから推論結果を取得することと、
をコンピュータが実行し、
　ⅲ）前記訓練済みモデルは、訓練データに対する訓練対象モデルの処理結果と正解ラベルとの誤差に基づいて訓練されている、推論方法。

【推論プログラム】
　ⅰ）推論対象データを取得することと、
　ⅱ）前記推論対象データを訓練済みモデルに入力し、前記訓練済みモデルから推論結果を取得することと、
をコンピュータに実行させ、
　ⅲ）前記訓練済みモデルは、訓練データに対する訓練対象モデルの処理結果と正解ラベルとの誤差に基づいて訓練されている、推論プログラム。

(3) 機械学習モデル、訓練装置、訓練方法及び訓練プログラム

　また、機械学習モデル自体のクレームについてであるが、こちらも第5章で述べた訓練処理に関する発明の機械学習モデルと同様に記載できると考える。すなわち、機械学習モデルは、典型的には、以下のように記載することができると考える。

【機械学習モデル】
　ⅰ）推論対象データを取得することと、
　ⅱ）前記推論対象データに対する推論結果を出力することと、
をコンピュータに実行させる機械学習モデルであって、
　ⅲ）前記機械学習モデルは、訓練データに対する訓練対象モデルの処理結果と正解ラベルとの誤差に基づいて訓練されている、機械学習モデル。

　ここに記載した機械学習モデルは、第3章で記載した機械学習モデルの汎用的なクレーム構成と同じであるが、実際には推論対象データ及び推論結果が出願対象の発明に対応して具体的に特定されることに留意されたい。
　発明特定事項ⅰ）は、機械学習モデルに入力される推論対象データの取得に関するものである。

すなわち、推論対象データが、機械学習モデルによって取得されることについて記載している。

発明特定事項ⅱ）は、機械学習モデルの実行に関するものである。すなわち、機械学習モデルに推論対象データが入力され、入力された推論対象データに対して機械学習モデルが実行される。そして、機械学習モデルの推論結果が取得されることについて記載している。

発明特定事項ⅲ）は、機械学習モデルがどのように訓練対象モデルから訓練・生成されたかに関するものである。

すなわち、訓練対象モデルに入力された訓練データに対応する正解ラベルと、訓練対象モデルの処理結果との間の誤差が算出され、算出された誤差に基づいて訓練対象モデルのパラメータが調整されるなど、訓練対象モデルの訓練によって機械学習モデルが取得されることについて記載している。

また、訓練装置、訓練方法及び訓練アルゴリズムのクレームについても、第5章で述べた訓練処理に関する発明の訓練装置、訓練方法及び訓練アルゴリズムと同様に、以下のように記載できると考える。

【訓練装置】
ⅰ）訓練データと正解ラベルとを含む訓練データセットを取得する取得部と、
ⅱ）前記訓練データを訓練対象モデルに入力し、前記訓練対象モデルから処理結果を取得する処理部と、
ⅲ）前記正解ラベルと前記処理結果との誤差に基づいて前記訓練対象モデルを訓練する訓練部と、
を有する、訓練装置。

第6章 類型Ⅱ 推論処理に関する発明

【訓練方法】
ⅰ）訓練データと正解ラベルとを含む訓練データセットを取得することと、
ⅱ）前記訓練データを訓練対象モデルに入力し、前記訓練対象モデルから処理結果を取得することと、
ⅲ）前記正解ラベルと前記処理結果との誤差に基づいて前記訓練対象モデルを訓練することと、
をコンピュータが実行する、訓練方法。

【訓練プログラム】
ⅰ）訓練データと正解ラベルとを含む訓練データセットを取得することと、
ⅱ）前記訓練データを訓練対象モデルに入力し、前記訓練対象モデルから処理結果を取得することと、
ⅲ）前記正解ラベルと前記処理結果との誤差に基づいて前記訓練対象モデルを訓練することと、
をコンピュータに実行させる、訓練プログラム。

3．推論処理に関する発明の実施例の書き方

(1) 基本的な考え方

　類型Ⅱの推論処理に関する発明では、出願対象の発明が推論処理に特徴があるため、当然、推論装置や推論方法に関する実施例を記載することになるが、推論処理に関する発明については、当該推論処理に利用される訓練済み機械学習モデルを訓練するための訓練処理に関する実施例の記載は必要か。また、記載する場合、どのように記載すべきであろうか。

　結論としては、出願対象の発明が推論処理に関する発明でも、当該推論処理に利用される訓練済み機械学習モデルを訓練するための訓練処理に関する実施例を明細書・図面に記載する必要があろう。上述した推論処理に関する発明のクレームの書き方において、類型Ⅱの推論処理に関する発明では、推論装置等の推論処理だけでなく、訓練装置等の訓練処理に関するクレームについても権利化を図るべきかどうかを検討することを述べた。

　訓練装置等の訓練処理に関するクレームの権利化を図る際は、訓練対象の機械学習モデルを訓練するための訓練処理に関する実施例を明細書に記載する必要があることはもちろん、訓練装置等の訓練処理に関するクレームの権利化を図らない場合でも、推論処理に利用される訓練済み機械学習モデルをどのように訓練・生成するか、明細書に開示すべきであろう。これは、推論処理に利用される訓練済み機械学習モデルをどのように訓練・生成するか、明細書から把握できない場合、当該推論処理の実施可能要件についての拒絶理由が指摘される可能性があるためである。

　このように、出願対象の発明が推論処理に関する発明であっても、当該推論処理に利用される訓練済み機械学習モデルを訓練するための訓練処理に関する実施例を明細書に記載する必要があると考える。

　では、このような訓練処理に関する実施例をどのように明細書・図面に記載すべきであろうか。第3章のAI関連発明の特許明細書作成の基本的な考え方において、出願対象のAI関連発明を明細書・図面に説明するための実施例について、「訓練処理に関する実施例と、推論処理に関する実施例とを分けて記載する」という基本的な考え方を述べた。

（2）出願対象の推論処理に関する発明に対応する訓練処理に関するクレームの権利化の有無に応じた明細書の書き方

この基本的な考え方に沿って、類型Ⅱの推論処理に関する発明の実施例の書き方について説明する。ここでは、出願対象の推論処理に関する発明について、推論処理に関するクレームだけでなく、対応する訓練処理に関するクレームの権利化を図る場合（ケース１）と、推論処理に関するクレームのみの権利化を図る場合（ケース２）とに場合分けして説明する。

具体的には、推論処理に関するクレームとともに、対応する訓練処理に関するクレームの権利化を図る場合、すなわち、推論装置、推論方法、推論プログラム、訓練装置、訓練方法、訓練プログラムのクレームの権利化を図る場合（ケース１）、推論処理に関する実施例とともに訓練処理に関する実施例とを分けて明細書・図面に記載する。

他方、対応する訓練処理に関するクレームの権利化を図らない場合、すなわち、推論装置、推論方法、推論プログラムのクレームのみの権利化を図る場合（ケース２）、推論処理に関する実施例のみを記載し、推論処理に関する実施例において、当該推論処理に利用される訓練済み機械学習モデルをどのように訓練・生成したかについて記載する。

【ケース１：対応する訓練処理に関するクレームの権利化を図る場合】
訓練処理に関する実施例と、推論処理に関する実施例を「分けて」記載する。

【ケース２：対応する訓練処理に関するクレームの権利化を図らない場合】
推論処理に関する実施例を記載するとともに、推論処理に関する実施例において訓練済み機械学習モデルの訓練・生成の仕方を記載する。

以下において、ケース１とケース２とのそれぞれについて、推論処理に関する発明の明細書・図面の書き方を説明する。

4．推論処理に関する発明の仮想事例に対する特許明細書

（1）ケース1：対応する訓練処理に関するクレームの権利化を図る場合

　出願対象の発明が推論処理に特徴を有し、推論処理に関するクレームの権利化を図るとともに、対応する訓練処理に関するクレームの権利化も図りたい場合、訓練処理に関する実施例と推論処理に関する実施例とを分けて記載する。すなわち、ケース1では、上述した類型Ⅰの訓練処理に関する発明についての明細書の書き方と同様に、明細書においてまず訓練処理に関する実施例を記載し、当該訓練処理において訓練・生成された訓練済み機械学習モデルを利用した推論処理に関する実施例を次に記載する。

　なお、訓練装置、訓練方法、推論装置及び推論方法に関する実施例の具体的な記載の仕方は、類型Ⅰの訓練処理に関する発明のものと同様とすることができる。

　ケース1のための一つの仮想事例として、出願対象の発明が撮像された商品群の種別と個数とを判定するよう訓練された訓練済み商品判定モデルを利用して、判定対象の商品画像から撮像された商品群の種別と種別ごとの個数とを判定する推論処理に特徴を有するケースを考える。ケース1によると、出願対象の発明がこのような推論処理に関する発明であり、推論処理に関するクレームとともに、当該推論処理に利用される訓練済み商品判定モデルを訓練する訓練処理に関するクレームの権利化を図る。

　この場合、出願対象の発明に対して以下のような明細書・図面を記載できる。

【書類名】明細書
【発明の名称】訓練装置、訓練方法、訓練プログラム、推論装置、推論方法、推論プログラム及び商品判定モデル
【技術分野】
　【0001】
　本発明は、訓練装置、訓練方法、訓練プログラム、推論装置、推論方法、推論プログラム及び商品判定モデルに関する。

【背景技術】
　【0002】
　昨今の深層学習技術の進化によって、画像を処理するための各種機械学習技術が研究開発されてきた。
　　　　　・・・・・・・・・
　【先行技術文献】
【特許文献】
　【00XX】
　　【特許文献１】特開20XX-123456号公報
【発明の概要】
【発明が解決しようとする課題】
　【00XX】
　本発明の課題は、機械学習モデルを利用して、商品の判定対象の画像から当該商品の種別と個数とを判定するための商品判定技術を提供することである。
【課題を解決するための手段】
　【00XX】
　本発明の一態様は、商品を示す判定対象画像を取得する取得部と、前記判定対象画像を訓練済み商品判定モデルに入力し、前記訓練済み商品判定モデルから前記商品の種別と個数とを示す判定結果を取得する処理部と、を有し、前記訓練済み商品判定モデルは、商品を示す訓練画像に対する訓練対象の商品判定モデルの判定結果と、前記訓練画像の商品の種別と個数とを示す正解ラベルとの誤差に基づいて訓練されている、推論装置に関する。
　【00XX】
　本発明の他の態様は、商品を示す訓練画像と前記商品の種別と個数とを示す正解ラベルとを含む訓練データセットを取得する取得部と、前記訓練画像を訓練対象の商品判定モデルに入力し、前記訓練対象の商品判定モデルから前記商品の種別と個数とを示す処理結果を取得する処理部と、前記正解ラベルと前記処理結果との誤差に基づいて前記訓練対象の商品判定モ

デルを訓練する訓練部と、を有する、訓練装置に関する。

【00XX】
　本発明の他の態様は、商品を示す判定対象画像を取得することと、前記判定対象画像に対する前記商品の種別と個数とを示す判定結果を出力することと、をコンピュータに実行させる商品判定モデルであって、前記商品判定モデルは、商品を示す訓練画像に対する訓練対象の商品判定モデルの処理結果と前記商品の種別と個数とを示す正解ラベルとの誤差に基づいて訓練されている、商品判定モデルに関する。

【発明の効果】

【00XX】
　本発明によると、機械学習モデルを利用して、商品の判定対象の画像から当該商品の種別と個数とを判定するための商品判定技術を提供することができる。

【図面の簡単な説明】

【00XX】
　【図1】本発明の一実施例による商品判定処理を示す概略図である。
　【図2】本発明の一実施例による訓練装置及び推論装置のハードウエア構成を示すブロック図である。
　【図3】本発明の一実施例による訓練装置の機能構成を示すブロック図である。
　【図4】本発明の一実施例による訓練方法を示すフローチャートである。
　【図5】本発明の一実施例による推論装置の機能構成を示すブロック図である。
　【図6】本発明の一実施例による推論方法を示すフローチャートである。

【発明を実施するための形態】

【00XX】
　以下、図面を参照して本開示の実施の形態を説明する。

【00XX】
［概略］
　以下の実施例による商品判定処理を概略すると、訓練装置100は、判

定対象の1つ以上の商品の外観を撮像した画像から当該商品の種別と個数とを示す処理結果を出力する商品判定モデルを訓練・生成する。具体的には、図1に示されるように、データベースから訓練データセットを受け付けると、訓練装置100は、訓練対象の商品判定モデル30に訓練画像を入力し、訓練対象の商品判定モデル30から入力された訓練画像に撮像されている1つ以上の商品の種別と個数とを示す処理結果を取得する。そして、訓練装置100は、入力した訓練画像に対応する商品の種別と個数とを示す正解ラベルと処理結果との誤差を算出し、当該誤差に基づいて訓練対象の商品判定モデル30のパラメータを調整する。

【00XX】

また、推論装置200は、このように訓練された訓練済み商品判定モデル30を利用して、判定対象の1つ以上の商品の外観を撮像した画像から当該商品の種別と個数とを判定することができる。例えば購入者がトレーなどに載せられた商品を会計レジに置くと、推論装置200は、訓練済み商品判定モデル30を利用して、カメラによって撮像された商品画像からトレーに載せられた商品の種別と個数とを判定し、トレーに載せられた商品の購入代金を計算する。

【00XX】

本実施例によると、商品判定モデル30を利用して、トレーに載せられた商品の画像から商品の種別と種別ごとの個数とを判定し、判定結果に基づいて購入商品の購入代金を自動的に計算することができる。

【00XX】

ここで、訓練装置100及び推論装置200はそれぞれ、サーバ、パーソナルコンピュータ（PC）、スマートフォン、タブレット等の計算装置によって実現されてもよく、例えば図2に示されるようなハードウエア構成を有してもよい。すなわち、訓練装置100及び推論装置200はそれぞれ、バスBを介し相互接続されるドライブ装置101、ストレージ装置102、メモリ装置103、プロセッサ104、ユーザインタフェース（UI）装置105及び通信装置106を有する。

【00XX】

訓練装置100及び推論装置200における各種機能及び処理を実現するプログラム又は指示は、CD-ROM (Compact Disk-Read Only Memory)、フラッシュメモリ等の着脱可能な記憶媒体に格納されてもよい。当該記憶媒体がドライブ装置101にセットされると、プログラム又は指示が記憶媒体からドライブ装置101を介しストレージ装置102又はメモリ装置103にインストールされる。ただし、プログラム又は指示は、必ずしも記憶媒体からインストールされる必要はなく、ネットワークなどを介しいずれかの外部装置からダウンロードされてもよい。

【00XX】
ストレージ装置102は、ハードディスクドライブなどによって実現され、インストールされたプログラム又は指示とともに、プログラム又は指示の実行に用いられるファイル、データ等を格納する。

【00XX】
メモリ装置103は、ランダムアクセスメモリ、スタティックメモリ等によって実現され、プログラム又は指示が起動されると、ストレージ装置102からプログラム又は指示、データ等を読み出して格納する。ストレージ装置102、メモリ装置103及び着脱可能な記憶媒体は、非一時的な記憶媒体 (non-transitory storage medium) として総称されてもよい。

【00XX】
プロセッサ104は、1つ以上のプロセッサコアから構成され得る1つ以上のCPU (Central Processing Unit)、GPU (Graphics Processing Unit)、処理回路 (processing circuitry) 等によって実現されてもよく、メモリ装置103に格納されたプログラム、指示、当該プログラム若しくは指示を実行するのに必要なパラメータなどのデータ等に従って、訓練装置100及び推論装置200の各種機能及び処理を実行する。

【00XX】
ユーザインタフェース (UI) 装置105は、キーボード、マウス、カメラ、マイクロフォン等の入力装置、ディスプレイ、スピーカー、ヘッドセット、プリンタ等の出力装置、タッチパネル等の入出力装置から構成されてもよく、ユーザと訓練装置100及び推論装置200との間のインタフェー

スを実現する。例えばユーザは、ディスプレイ又はタッチパネルに表示されたGUI (Graphical User Interface) をキーボード、マウス等を操作し、訓練装置100及び推論装置200を操作してもよい。

【00XX】

通信装置106は、外部装置、インターネット、LAN (Local Area Network)、セルラーネットワーク等の通信ネットワークとの有線及び／又は無線通信処理を実行する各種通信回路により実現される。

【00XX】

しかしながら、上述したハードウエア構成は単なる一例であり、本発明による訓練装置100及び推論装置200は、他のいずれか適切なハードウエア構成により実現されてもよい。

【00XX】

[訓練装置]

次に、本発明の一実施例による訓練装置100を説明する。図3は、本発明の一実施例による訓練装置100の機能構成を示すブロック図である。図3に示されるように、訓練装置100は、取得部110、処理部120及び訓練部130を有する。取得部110、処理部120及び訓練部130の各機能部は、訓練装置100のメモリ装置103に格納されているコンピュータプログラムがプロセッサ104によって実行されることによって実現されてもよい。

【00XX】

取得部110は、商品を示す訓練画像と当該商品の種別と個数とを示す正解ラベルとを含む訓練データセットを取得する[1]。具体的には、取得部110は、データベースから訓練データセットを取得し、取得した訓練画像を処理部120に提供し、当該訓練画像に対応する正解ラベルを訓練部130に提供する。

・・・・・・・・[2]

---

1 請求項4の「訓練装置」の「商品を示す訓練画像と前記商品の種別と個数とを示す正解ラベルとを含む訓練データセットを取得する取得部」に対応する文言を記載する。
2 「取得部」による処理を実施可能な程度に記載する。

【00XX】
処理部120は、訓練画像を訓練対象の商品判定モデル30に入力し、訓練対象の商品判定モデル30から商品の種別と個数とを示す処理結果を取得する[3]。例えば訓練対象の商品判定モデル30が畳み込みニューラルネットワークモデルとして実現される場合、処理部120は、訓練対象の商品判定モデル30の入力レイヤに訓練画像を入力し、畳み込みレイヤとプーリングレイヤとの複数のペアから構成される中間レイヤを経て、訓練対象の商品判定モデル30の出力レイヤから処理結果を取得する。
・・・・・・・・・[4]

【00XX】
訓練部130は、正解ラベルと処理結果との誤差に基づいて訓練対象の商品判定モデル30を訓練する[5]。具体的には、訓練部130は、正解ラベルと処理結果との誤差を算出し、算出した誤差に基づいて誤差逆伝播法に従って訓練対象の商品判定モデル30のパラメータを更新する。
・・・・・・・・[6]

【00XX】
上述した訓練装置100によると、判定対象の1つ以上の商品の外観を撮像した画像から商品の種別と個数とを示す判定結果を取得する商品判定モデル30を生成することができる。

【00XX】
[訓練方法]
次に、本発明の一実施例による訓練方法を説明する。図4は、本発明の一実施例による訓練方法を示すフローチャートである。当該訓練方法は、上述した訓練装置100によって実現されてもよい。具体的には、当該訓

---

3 「訓練装置」の「前記訓練画像を訓練対象の商品判定モデルに入力し、前記訓練対象の商品判定モデルから前記商品の種別と個数とを示す処理結果を取得する処理部」に対応する文言を記載する。
4 「処理部」による処理を実施可能な程度に記載する。
5 「訓練装置」の「前記正解ラベルと前記処理結果との誤差に基づいて前記訓練対象の商品判定モデルを訓練する訓練部」に対応する文言を記載する。
6 「訓練部」による処理を実施可能な程度に記載する。

練方法は、訓練装置100のメモリ装置103に格納されているプログラムがプロセッサ104によって実行されることによって実現されてもよい。

【00XX】

図4に示されるように、ステップS101において、訓練装置100は、商品を示す訓練画像と、商品の種別と個数とを示す正解ラベルとを含む訓練データセットを取得する[7]。

・・・・・・・・・

【00XX】

ステップS102において、訓練装置100は、訓練対象の商品判定モデル30に商品を示す訓練画像を入力する[8]。

・・・・・・・・・

【00XX】

ステップS103において、訓練装置100は、訓練対象の商品判定モデル30から商品の種別と個数とを示す処理結果を取得する[9]。

・・・・・・・・・

【00XX】

ステップS104において、訓練装置100は、処理結果と正解ラベルとの誤差を算出する[10]。

・・・・・・・・・

【00XX】

ステップS105において、訓練装置100は、算出した誤差に基づいて訓練対象の商品判定モデル30を訓練する[11]。

---

7 請求項5の「訓練方法」の「商品を示す訓練画像と前記商品の種別と個数とを示す正解ラベルとを含む訓練データセットを取得すること」に対応する文言を記載する。
8 「訓練方法」の「前記訓練画像を訓練対象の商品判定モデルに入力し」に対応する文言を記載する。
9 「訓練方法」の「前記訓練対象の商品判定モデルから前記商品の種別と個数とを示す処理結果を取得すること」に対応する文言を記載する。
10 「訓練方法」の「前記正解ラベルと前記処理結果との誤差」に対応する文言を記載する。
11 「訓練方法」の「誤差に基づいて前記訓練対象の商品判定モデルを訓練する」に対応する文言を記載する。

・・・・・・・・

【00XX】
ステップS106において、訓練装置100は、終了条件を充足したか判定する。終了条件を充足していない場合（S106：NO）、当該訓練方法は、ステップS102に戻って、上述したステップS102～S106を繰り返す。他方、終了条件を充足している場合（S106：YES）、当該訓練方法は終了し、最終的に取得された商品判定モデル30を訓練済み商品判定モデル30として推論装置200に提供する。

・・・・・・・・

【00XX】
上述した訓練方法によると、判定対象の1つ以上の商品の外観を撮像した画像から商品の種別と個数とを示す判定結果を取得する商品判定モデル30を生成することができる。

【00XX】
[推論装置]
次に、本発明の一実施例による推論装置200を説明する。図5は、本発明の一実施例による推論装置200の機能構成を示すブロック図である。図5に示されるように、推論装置200は、取得部210及び処理部220を有する。取得部210及び処理部220の各機能部は、推論装置200のメモリ装置103に格納されているコンピュータプログラムがプロセッサ104によって実行されることによって実現されてもよい。

【00XX】
取得部210は、商品を示す判定対象画像を取得する[12]。具体的には、取得部210は、判定対象の商品の外観を撮像した画像を取得し、取得した画像を処理部220に提供する。

・・・・・・・・[13]

12　請求項1の「推論装置」の「商品を示す判定対象画像を取得する取得部」に対応する文言を記載する。

13　「取得部」による処理を実施可能な程度に記載する。

第 6 章　類型 II　推論処理に関する発明

【00XX】
処理部 220 は、判定対象画像を訓練済み商品判定モデル 30 に入力し、訓練済み商品判定モデル 30 から商品の種別と個数とを示す判定結果を取得する[14]。具体的には、処理部 220 は、取得部 210 から取得した商品の外観を撮像した画像を訓練済み商品判定モデル 30 に入力し、当該訓練済み商品判定モデル 30 を実行することによって、撮像された商品の種別と種別ごとの個数とを示す処理結果を取得する。
・・・・・・・・[15]

【00XX】
ここでの訓練済み商品判定モデル 30 は、商品を示す訓練画像に対する訓練対象の商品判定モデル 30 の判定結果と、当該訓練画像の商品の種別と個数とを示す正解ラベルとの誤差に基づいて訓練されている。すなわち、訓練済み商品判定モデル 30 は、商品を示す判定対象画像を取得することと、当該判定対象画像に対する商品の種別と個数とを示す判定結果を出力することと、をコンピュータに実行させる。ここで、訓練済み商品判定モデル 30 は、誤差逆伝播法などのいずれか既知の訓練アルゴリズムに従って、訓練画像に対する訓練対象の商品判定モデル 30 の処理結果と正解ラベルとの誤差に基づいて訓練されている。
・・・・・・・・[16]

【00XX】
上述した推論装置 200 によると、判定対象の商品の外観を撮像した画像から当該商品の種別と個数とを示す判定結果を取得するよう訓練された訓練済み商品判定モデル 30 を利用して、撮像された商品の種別と個数とを示す判定結果を取得することができる。

---

14 「推論装置」の「前記判定対象画像を訓練済み商品判定モデルに入力し、前記訓練済み商品判定モデルから前記商品の種別と個数とを示す判定結果を取得する処理部」に対応する文言を記載する。
15 「処理部」による処理を実施可能な程度に記載する。
16 「商品判定モデル」に対応する文言を記載するとともに、「訓練済み商品判定モデル」の処理を実施可能な程度に記載する。

【00XX】
[推論方法]
次に、本発明の一実施例による推論方法を説明する。図6は、本発明の一実施例による推論方法を示すフローチャートである。当該推論方法は、上述した推論装置200によって実現されてもよい。具体的には、当該推論方法は、推論装置200のメモリ装置103に格納されているプログラムがプロセッサ104によって実行されることによって実現されてもよい。

【00XX】
図6に示されるように、ステップS201において、推論装置200は、商品を示す判定対象画像を取得する[17]。
・・・・・・・・・

【00XX】
ステップS202において、推論装置200は、判定対象画像を訓練済み商品判定モデル30に入力する[18]。
・・・・・・・・・

【00XX】
ステップS203において、推論装置200は、訓練済み商品判定モデル30から商品の種別と個数とを示す判定結果を取得する[19]。
・・・・・・・・・

【00XX】
上述した推論方法によると、判定対象の商品の外観を撮像した画像から当該商品の種別と個数とを示す判定結果を取得するよう訓練された訓練済み商品判定モデル30を利用して、撮像された商品の種別と個数とを示す

---

17 請求項2の「推論方法」の「商品を示す判定対象画像を取得すること」に対応する文言を記載する。
18 「推論方法」の「前記判定対象画像を訓練済み商品判定モデルに入力し」に対応する文言を記載する。
19 「推論方法」の「前記訓練済み商品判定モデルから前記商品の種別と個数とを示す判定結果を取得すること」に対応する文言を記載する。

判定結果を取得することができる。
【00XX】
　以上、本開示の実施例について詳述したが、本開示は上述した特定の実施形態に限定されるものではなく、特許請求の範囲に記載された本開示の要旨の範囲内において、種々の変形・変更が可能である。
【符号の説明】
　【00XX】
　　20　　データベース
　　30　　商品判定モデル
　　100　訓練装置
　　110　取得部
　　120　処理部
　　130　訓練部
　　200　推論装置
　　210　取得部
　　220　処理部

【書類名】特許請求の範囲
【請求項1】
　商品を示す判定対象画像を取得する取得部と、
　前記判定対象画像を訓練済み商品判定モデルに入力し、前記訓練済み商品判定モデルから前記商品の種別と個数とを示す判定結果を取得する処理部と、
　を有し、
　前記訓練済み商品判定モデルは、商品を示す訓練画像に対する訓練対象の商品判定モデルの判定結果と、前記訓練画像の商品の種別と個数とを示す正解ラベルとの誤差に基づいて訓練されている、推論装置。
【請求項2】
　商品を示す判定対象画像を取得することと、
　前記判定対象画像を訓練済み商品判定モデルに入力し、前記訓練済み商

品判定モデルから前記商品の種別と個数とを示す判定結果を取得すること
と、
　をコンピュータが実行し、
　前記訓練済み商品判定モデルは、商品を示す訓練画像に対する訓練対象の商品判定モデルの判定結果と、前記訓練画像の商品の種別と個数とを示す正解ラベルとの誤差に基づいて訓練されている、推論方法。
【請求項３】
　商品を示す判定対象画像を取得することと、
　前記判定対象画像を訓練済み商品判定モデルに入力し、前記訓練済み商品判定モデルから前記商品の種別と個数とを示す判定結果を取得すること
と、
　をコンピュータに実行させ、
　前記訓練済み商品判定モデルは、商品を示す訓練画像に対する訓練対象の商品判定モデルの判定結果と、前記訓練画像の商品の種別と個数とを示す正解ラベルとの誤差に基づいて訓練されている、推論プログラム。
【請求項４】
　商品を示す訓練画像と前記商品の種別と個数とを示す正解ラベルとを含む訓練データセットを取得する取得部と、
　前記訓練画像を訓練対象の商品判定モデルに入力し、前記訓練対象の商品判定モデルから前記商品の種別と個数とを示す処理結果を取得する処理部と、
　前記正解ラベルと前記処理結果との誤差に基づいて前記訓練対象の商品判定モデルを訓練する訓練部と、
　を有する、訓練装置。
【請求項５】
　商品を示す訓練画像と前記商品の種別と個数とを示す正解ラベルとを含む訓練データセットを取得することと、
　前記訓練画像を訓練対象の商品判定モデルに入力し、前記訓練対象の商品判定モデルから前記商品の種別と個数とを示す処理結果を取得すること
と、

前記正解ラベルと前記処理結果との誤差に基づいて前記訓練対象の商品判定モデルを訓練することと、

をコンピュータが実行する、訓練方法。

【請求項6】

商品を示す訓練画像と前記商品の種別と個数とを示す正解ラベルとを含む訓練データセットを取得することと、

前記訓練画像を訓練対象の商品判定モデルに入力し、前記訓練対象の商品判定モデルから前記商品の種別と個数とを示す処理結果を取得することと、

前記正解ラベルと前記処理結果との誤差に基づいて前記訓練対象の商品判定モデルを訓練することと、

をコンピュータに実行させる、訓練プログラム。

【請求項7】

商品を示す判定対象画像を取得することと、

前記判定対象画像に対する前記商品の種別と個数とを示す判定結果を出力することと、

をコンピュータに実行させる商品判定モデルであって、

前記商品判定モデルは、商品を示す訓練画像に対する訓練対象の商品判定モデルの処理結果と前記商品の種別と個数とを示す正解ラベルとの誤差に基づいて訓練されている、商品判定モデル。

【書類名】要約書
【要約】
【課題】機械学習モデルを利用して、商品の判定対象の画像から当該商品の種別と個数とを判定するための商品判定技術を提供することである。
【解決手段】本発明の一態様は、商品を示す判定対象画像を取得する取得部と、前記判定対象画像を訓練済み商品判定モデルに入力し、前記訓練済み商品判定モデルから前記商品の種別と個数とを示す判定結果を取得する処理部と、を有し、前記訓練済み商品判定モデルは、商品を示す訓練画像に対する訓練対象の商品判定モデルの判定結果と、前記訓練画像の商品の

種別と個数とを示す正解ラベルとの誤差に基づいて訓練されている、推論装置に関する。

【選択図】図1

図1

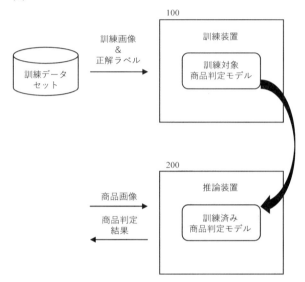

【図2】第3章 p.81 の【図2】と同一につき省略
【図3】第3章 p.81 の【図3】と同一につき省略

第6章 類型Ⅱ 推論処理に関する発明

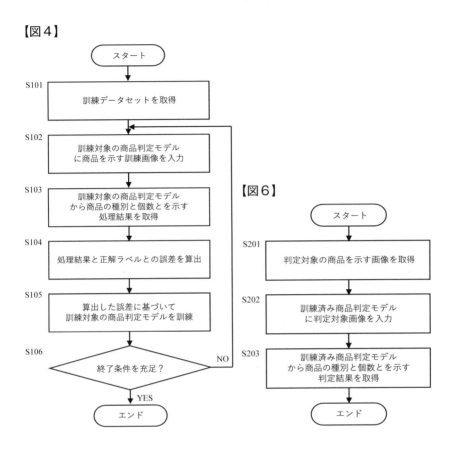

【図5】第3章 p.82 の【図5】と同一につき省略

（2）ケース2：対応する訓練処理に関するクレームの権利化を図らない場合

　出願対象の発明が推論処理に特徴を有し、推論処理に関するクレームの権利化を図るものの、対応する訓練処理に関するクレームの権利化を図る予定がない場合、訓練処理に関する実施例を独立に記載することなく、推論処理に関する実施例において、訓練済み機械学習モデルの訓練・生成の仕方を記載するようにしてもよい。

　すなわち、ケース2では、明細書において訓練処理に関する実施例を記載することなく、推論処理に関する実施例のみを記載し、推論処理に関する実施例において、当該推論処理で利用される訓練済み機械学習モデルをどのように訓練・生成するか記載するようにしてもよい。

　ケース1とケース2とはともに、訓練済み機械学習モデルがどのように訓練・生成されるかを明細書に開示する点では同様であるが、ケース1では、訓練装置、訓練方法などの訓練処理に関する実施例を推論処理に関する実施例とは独立して分けて記載し、訓練済み機械学習モデルをどのように訓練・生成するかについて、推論処理に関する実施例とは別に記載する。

　他方、ケース2では、訓練処理に関する実施例を推論処理に関する実施例と独立して記載せず、訓練済み機械学習モデルをどのように訓練・生成するかについて、推論処理に関する実施例に記載する。

　推論処理に関する実施例における推論対象データと推論結果とに対応する訓練データと正解ラベルとを訓練データセットとして利用して、誤差逆伝播法などの周知の訓練アルゴリズムに従って訓練対象の機械学習モデルを訓練しているなど、訓練処理に特段の特徴がない場合、ケース2のように記載するようにしてもよいと考える。

　ケース2のための一つの仮想事例として、ケース1と同様の仮想事例であるが、ケース2によると、推論処理に関するクレームの権利化を図るが、当該推論処理に利用される訓練済み商品判定モデルを訓練する訓練処理に関するクレームの権利化は図らない。

　この場合、出願対象の発明に対して、以下のような明細書・図面を記載できる。

【書類名】明細書
【発明の名称】推論装置、推論方法、推論プログラム及び商品判定モデル
【技術分野】
　　【0001】
　本発明は、推論装置、推論方法、推論プログラム及び商品判定モデルに関する。
【背景技術】
　　【0002】
　昨今の深層学習技術の進化によって、画像を処理するための各種機械学習技術が研究開発されてきた。
・・・・・・・・・
　　【先行技術文献】
　　【特許文献】
　　　【00XX】
　　　【特許文献1】特開20XX-123456号公報
【発明の概要】
【発明が解決しようとする課題】
　　【00XX】
　本発明の課題は、機械学習モデルを利用して、商品の判定対象の画像から当該商品の種別と個数とを判定するための商品判定技術を提供することである。
【課題を解決するための手段】
　　【00XX】
　本発明の一態様は、商品を示す判定対象画像を取得する取得部と、前記判定対象画像を訓練済み商品判定モデルに入力し、前記訓練済み商品判定モデルから前記商品の種別と個数とを示す判定結果を取得する処理部と、を有し、前記訓練済み商品判定モデルは、商品を示す訓練画像に対する訓練対象の商品判定モデルの判定結果と、前記訓練画像の商品の種別と個数とを示す正解ラベルとの誤差に基づいて訓練されている、推論装置に関する。

【00XX】
本発明の他の態様は、商品を示す判定対象画像を取得することと、前記判定対象画像に対する前記商品の種別と個数とを示す判定結果を出力することと、をコンピュータに実行させる商品判定モデルであって、前記商品判定モデルは、商品を示す訓練画像に対する訓練対象の商品判定モデルの処理結果と前記商品の種別と個数とを示す正解ラベルとの誤差に基づいて訓練されている、商品判定モデルに関する。

【発明の効果】
【00XX】
本発明によると、機械学習モデルを利用して、商品の判定対象の画像から当該商品の種別と個数とを判定するための商品判定技術を提供することができる。

【図面の簡単な説明】
【00XX】
【図1】本発明の一実施例による商品判定処理を示す概略図である。
【図2】本発明の一実施例による推論装置のハードウエア構成を示すブロック図である。
【図3】本発明の一実施例による推論装置の機能構成を示すブロック図である。
【図4】本発明の一実施例による推論方法を示すフローチャートである。

【発明を実施するための形態】
【00XX】
以下、図面を参照して本開示の実施の形態を説明する。

【00XX】
［概略］
以下の実施例による商品判定処理を概略すると、図1に示されるように、推論装置100は、訓練済み商品判定モデル30を利用して、判定対象の1つ以上の商品の外観を撮像した画像から当該商品の種別と個数とを判定する。例えば購入者がトレーなどに載せられた商品を会計レジに置くと、推論装置100は、訓練済み商品判定モデル30を利用して、カメラによっ

て撮像された商品画像からトレーに載せられた商品の種別と個数とを判定し、トレーに載せられた商品の購入代金を計算する。

【00XX】
例えば訓練済み商品判定モデル 30 は、判定対象の 1 つ以上の商品の外観を撮像した画像から当該商品の種別と個数とを示す処理結果を出力するよう訓練されている。具体的には、訓練済み商品判定モデル 30 は、データベースから取得された商品を示す訓練画像を訓練対象の商品判定モデル 30 への入力として受け付け、訓練対象の商品判定モデル 30 から出力された処理結果と、入力した訓練画像に対応する商品の種別と個数とを示す正解ラベルとの誤差に基づいて訓練対象の商品判定モデル 30 のパラメータを調整することによって、生成され得る。

【00XX】
本実施例によると、商品判定モデル 30 を利用して、トレーに載せられた商品の画像から商品の種別と種別ごとの個数とを判定し、判定結果に基づいて購入商品の購入代金を自動的に計算することができる。

【00XX】
ここで、推論装置 100 は、サーバ、パーソナルコンピュータ (PC)、スマートフォン、タブレット等の計算装置によって実現されてもよく、例えば図 2 に示されるようなハードウエア構成を有してもよい。すなわち、推論装置 100 は、バス B を介し相互接続されるドライブ装置 101、ストレージ装置 102、メモリ装置 103、プロセッサ 104、ユーザインタフェース (UI) 装置 105 及び通信装置 106 を有する。

【00XX】
推論装置 100 における各種機能及び処理を実現するプログラム又は指示は、CD-ROM (Compact Disk-Read Only Memory)、フラッシュメモリ等の着脱可能な記憶媒体に格納されてもよい。当該記憶媒体がドライブ装置 101 にセットされると、プログラム又は指示が記憶媒体からドライブ装置 101 を介しストレージ装置 102 又はメモリ装置 103 にインストールされる。ただし、プログラム又は指示は、必ずしも記憶媒体からインストールされる必要はなく、ネットワークなどを介しいずれかの外

部装置からダウンロードされてもよい。

【00XX】
ストレージ装置102は、ハードディスクドライブなどによって実現され、インストールされたプログラム又は指示とともに、プログラム又は指示の実行に用いられるファイル、データ等を格納する。

【00XX】
メモリ装置103は、ランダムアクセスメモリ、スタティックメモリ等によって実現され、プログラム又は指示が起動されると、ストレージ装置102からプログラム又は指示、データ等を読み出して格納する。ストレージ装置102、メモリ装置103及び着脱可能な記憶媒体は、非一時的な記憶媒体（non-transitory storage medium）として総称されてもよい。

【00XX】
プロセッサ104は、1つ以上のプロセッサコアから構成され得る1つ以上のCPU（Central Processing Unit）、GPU（Graphics Processing Unit）、処理回路（processing circuitry）等によって実現されてもよく、メモリ装置103に格納されたプログラム、指示、当該プログラム若しくは指示を実行するのに必要なパラメータなどのデータ等に従って、推論装置100の各種機能及び処理を実行する。

【00XX】
ユーザインタフェース（UI）装置105は、キーボード、マウス、カメラ、マイクロフォン等の入力装置、ディスプレイ、スピーカー、ヘッドセット、プリンタ等の出力装置、タッチパネル等の入出力装置から構成されてもよく、ユーザと推論装置100との間のインタフェースを実現する。例えばユーザは、ディスプレイ又はタッチパネルに表示されたGUI（Graphical User Interface）をキーボード、マウス等を操作し、推論装置100を操作してもよい。

【00XX】
通信装置106は、外部装置、インターネット、LAN（Local Area Network）、セルラーネットワーク等の通信ネットワークとの有線及び／又は無線通信処理を実行する各種通信回路により実現される。

【00XX】

しかしながら、上述したハードウエア構成は単なる一例であり、本発明による推論装置100は、他のいずれか適切なハードウエア構成により実現されてもよい。

【00XX】

[推論装置]

次に、本発明の一実施例による推論装置100を説明する。図3は、本発明の一実施例による推論装置100の機能構成を示すブロック図である。図3に示されるように、推論装置100は、取得部110及び処理部120を有する。取得部110及び処理部120の各機能部は、推論装置100のメモリ装置103に格納されているコンピュータプログラムがプロセッサ104によって実行されることによって実現されてもよい。

【00XX】

取得部110は、商品を示す判定対象画像を取得する[20]。具体的には、取得部110は、判定対象の商品の外観を撮像した画像を取得し、取得した画像を処理部120に提供する。

・・・・・・・・[21]

【00XX】

処理部120は、判定対象画像を訓練済み商品判定モデル30に入力し、訓練済み商品判定モデル30から商品の種別と個数とを示す判定結果を取得する[22]。具体的には、処理部120は、取得部110から取得した商品の外観を撮像した画像を訓練済み商品判定モデル30に入力し、当該訓練済み商品判定モデル30を実行することによって、撮像された商品の種別と種別ごとの個数とを示す処理結果を取得する。

---

20 請求項1の「推論装置」の「商品を示す判定対象画像を取得する取得部」に対応する文言を記載する。
21 「取得部」による処理を実施可能な程度に記載する。
22 「推論装置」の「前記判定対象画像を訓練済み商品判定モデルに入力し、前記訓練済み商品判定モデルから前記商品の種別と個数とを示す判定結果を取得する処理部」に対応する文言を記載する。

・・・・・・・・・²³

【00XX】
　ここでの訓練済み商品判定モデル30は、商品を示す訓練画像に対する訓練対象の商品判定モデル30の判定結果と、当該訓練画像の商品の種別と個数とを示す正解ラベルとの誤差に基づいて訓練されている。すなわち、訓練済み商品判定モデル30は、商品を示す判定対象画像を取得することと、当該判定対象画像に対する商品の種別と個数とを示す判定結果を出力することと、をコンピュータに実行させる。ここで、訓練済み商品判定モデル30は、誤差逆伝播法などのいずれか既知の訓練アルゴリズムに従って、訓練画像に対する訓練対象の商品判定モデル30の処理結果と正解ラベルとの誤差に基づいて訓練されている。

・・・・・・・・・²⁴

【00XX】
　上述した推論装置100によると、判定対象の商品の外観を撮像した画像から当該商品の種別と個数とを示す判定結果を取得するよう訓練された訓練済み商品判定モデル30を利用して、撮像された商品の種別と個数とを示す判定結果を取得することができる。

【00XX】
［推論方法］
　次に、本発明の一実施例による推論方法を説明する。図4は、本発明の一実施例による推論方法を示すフローチャートである。当該推論方法は、上述した推論装置100によって実現されてもよい。具体的には、当該推論方法は、推論装置100のメモリ装置103に格納されているプログラムがプロセッサ104によって実行されることによって実現されてもよい。

【00XX】

23　「処理部」による処理を実施可能な程度に記載する。
24　「商品判定モデル」に対応する文言を記載するとともに、「訓練済み商品判定モデル」の処理を実施可能な程度に記載する。

図4に示されるように、ステップＳ101において、推論装置100は、商品を示す判定対象画像を取得する[25]。

・・・・・・・・・

【00XX】

ステップＳ102において、推論装置100は、判定対象画像を訓練済み商品判定モデル30に入力する[26]。

・・・・・・・・・

【00XX】

ステップＳ103において、推論装置100は、訓練済み商品判定モデル30から商品の種別と個数とを示す判定結果を取得する[27]。

・・・・・・・・・

【00XX】

上述した推論方法によると、判定対象の商品の外観を撮像した画像から当該商品の種別と個数とを示す判定結果を取得するよう訓練された訓練済み商品判定モデル30を利用して、撮像された商品の種別と個数とを示す判定結果を取得することができる。

【00XX】

以上、本開示の実施例について詳述したが、本開示は上述した特定の実施形態に限定されるものではなく、特許請求の範囲に記載された本開示の要旨の範囲内において、種々の変形・変更が可能である。

【符号の説明】

【00XX】

　20　　データベース

　30　　商品判定モデル

25　請求項2の「推論方法」の「商品を示す判定対象画像を取得すること」に対応する文言を記載する。
26　「推論方法」の「前記判定対象画像を訓練済み商品判定モデルに入力し」に対応する文言を記載する。
27　「推論方法」の「前記訓練済み商品判定モデルから前記商品の種別と個数とを示す判定結果を取得すること」に対応する文言を記載する。

100　推論装置
110　取得部
120　処理部

【書類名】特許請求の範囲
【請求項１】
　　商品を示す判定対象画像を取得する取得部と、
　　前記判定対象画像を訓練済み商品判定モデルに入力し、前記訓練済み商品判定モデルから前記商品の種別と個数とを示す判定結果を取得する処理部と、
　　を有し、
　　前記訓練済み商品判定モデルは、商品を示す訓練画像に対する訓練対象の商品判定モデルの判定結果と、前記訓練画像の商品の種別と個数とを示す正解ラベルとの誤差に基づいて訓練されている、推論装置。
【請求項２】
　　商品を示す判定対象画像を取得することと、
　　前記判定対象画像を訓練済み商品判定モデルに入力し、前記訓練済み商品判定モデルから前記商品の種別と個数とを示す判定結果を取得することと、
　　をコンピュータが実行し、
　　前記訓練済み商品判定モデルは、商品を示す訓練画像に対する訓練対象の商品判定モデルの判定結果と、前記訓練画像の商品の種別と個数とを示す正解ラベルとの誤差に基づいて訓練されている、推論方法。
【請求項３】
　　商品を示す判定対象画像を取得することと、
　　前記判定対象画像を訓練済み商品判定モデルに入力し、前記訓練済み商品判定モデルから前記商品の種別と個数とを示す判定結果を取得することと、
　　をコンピュータに実行させ、
　　前記訓練済み商品判定モデルは、商品を示す訓練画像に対する訓練対象

の商品判定モデルの判定結果と、前記訓練画像の商品の種別と個数とを示す正解ラベルとの誤差に基づいて訓練されている、推論プログラム。
【請求項4】
　商品を示す判定対象画像を取得することと、
　前記判定対象画像に対する前記商品の種別と個数とを示す判定結果を出力することと、
　をコンピュータに実行させる商品判定モデルであって、
　前記商品判定モデルは、商品を示す訓練画像に対する訓練対象の商品判定モデルの処理結果と前記商品の種別と個数とを示す正解ラベルとの誤差に基づいて訓練されている、商品判定モデル。

【書類名】要約書
【要約】
【課題】機械学習モデルを利用して、商品の判定対象の画像から当該商品の種別と個数とを判定するための商品判定技術を提供することである。
【解決手段】本発明の一態様は、商品を示す判定対象画像を取得する取得部と、前記判定対象画像を訓練済み商品判定モデルに入力し、前記訓練済み商品判定モデルから前記商品の種別と個数とを示す判定結果を取得する処理部と、を有し、前記訓練済み商品判定モデルは、商品を示す訓練画像に対する訓練対象の商品判定モデルの判定結果と、前記訓練画像の商品の種別と個数とを示す正解ラベルとの誤差に基づいて訓練されている、推論装置に関する。
【選択図】図1

【図1】

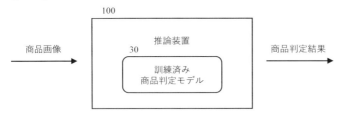

【図2】第3章p.81の【図2】と同一につき省略

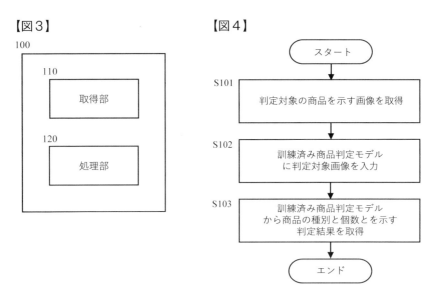

　ケース1の明細書とケース2の明細書とを比較すると、ケース1の明細書では、訓練処理に関する実施例として訓練装置と訓練方法との実施例を独立した実施例として記載している。他方、ケース2の明細書では、訓練処理に関する実施例を独立した実施例としては記載せず、推論処理に関する実施例において、訓練済み商品判定モデルがどのように訓練・生成されるか記載している。

　推論処理に関する発明について、推論処理に関するクレームの権利化は図るが、当該推論処理に利用される訓練済み機械学習モデルの訓練処理に関するクレームの権利化を図る予定がない場合、あるいは、推論処理に関

する実施例から訓練済み機械学習モデルがどのように訓練・生成できるか当業者に想到できる場合、ケース2の明細書のように、訓練処理に関する実施例を独立した実施例として記載することなく、推論処理に関する実施例において訓練済み機械学習モデルをどのように訓練・生成するか記載する程度でよいと考え得る。

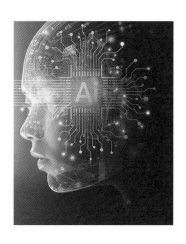

5．ビジネス関連発明について

　ビジネス関連発明は、特許庁によると、ビジネス方法が情報通信技術（ICT：Information and Communication Technology）を利用して実現された発明と定義されている。ビジネス関連発明は、AI や IoT（Internet of Things）と親和性が高く、AI や IoT を活用してビジネス上の課題解決を図ることができる。

　特に近年、ビジネスにおいて DX の導入が推進され、DX を導入する際に AI が盛んに利用されている。

　AI 関連発明として実現されるビジネス関連発明の多くは、類型 II の推論処理に関する発明に属するものと考えられる。すなわち、ビジネス関連発明では、いずれかの手段又は方法によって取得した入力データから、適用対象のビジネスに有用な出力データが導出される。

　例えば店舗に設置されたカメラによって撮像された来店者の行動を示すビデオ画像を入力データとして受け付け、出力データとして来店者の注目エリア又は注目商品を示す注目情報を出力する訓練済み機械学習モデルを利用し、商品の仕入れや商品の陳列に利用することができる。

　例えば製造ラインに設置された IoT センサによって検知されたセンサデータとカメラによって撮像された製品の画像とを入力データとして受け付け、出力データとして製造ラインのロボットの制御信号を出力する訓練済み機械学習モデルを利用して、製造ラインで作業するロボットを制御することができる。

　すなわち、AI 関連発明として実現されるビジネス関連発明は、上述した類型 II の推論処理に関する発明の明細書の書き方と同様に、クレーム及び明細書を記載することができると考える。

第7章
類型Ⅲ
前処理に関する発明

1. 前処理に関する発明とは

　第5章では、類型Ⅰとして訓練処理に関する発明のクレームと実施例の書き方について説明し、第6章では、類型Ⅱとして推論処理に関する発明のクレームと実施例の書き方について説明した。AI関連発明は、訓練対象の機械学習モデルを訓練する訓練処理と、訓練済み機械学習モデルを利用する推論処理とに大別することができ、類型Ⅰの訓練処理に関する発明と、類型Ⅱの推論処理に関する発明とが、AI関連発明の最も重要な2つの類型であると考える。

　一方、近年の機械学習分野の研究開発の進展によって、これら2つの類型に分けることが適切でない他の特徴を備えたAI関連発明が出現してきている。このような他の特徴を備えたAI関連発明としてまず、前処理に関する発明について説明する。すなわち、前処理に関する発明について、どのようなクレームと実施例を記載すべきか述べる。

　前処理に関する発明は、推論対象データをそのまま入力データとして機械学習モデルに入力するのではなく、推論対象データを前処理して前処理された推論対象データを機械学習モデルに入力し、機械学習モデルからより良好に特徴抽出[1]した出力データを導出するというものである。一般に、機械学習モデルは、入力データから何らかの特徴抽出をするよう訓練される。しかしながら、推論対象データをそのまま機械学習モデルに入力して推論対象データから特徴抽出するよりも、与えられた推論対象データを機械学習モデルが特徴抽出しやすいように前処理した後、前処理された推論対象データを機械学習モデルに入力して特徴抽出した方が、より良く特徴抽出できることがある。

　例えば推論対象データが波形データであり、当該波形データの異常箇所を検出する機械学習モデルを生成する際、推論対象データをそのまま入力データとして受け付け、入力データにおける異常箇所を検出する機械学習

---

[1] 元のデータから認識や予測をする上で有用な情報を取り出すこと。変換処理や選択処理等の方法がある。

第7章 類型Ⅲ 前処理に関する発明

モデルを生成する代わりに、推論対象データを位相シフトし、推論対象データから位相シフトしたデータを差分する前処理された差分データを入力データとして機械学習モデルに入力し、機械学習モデルから異常の有無を示す推論結果を取得する。この場合、図示するように、推論対象データから異常を検出するより、前処理によって差分データから異常を検出する方が容易であると考える。

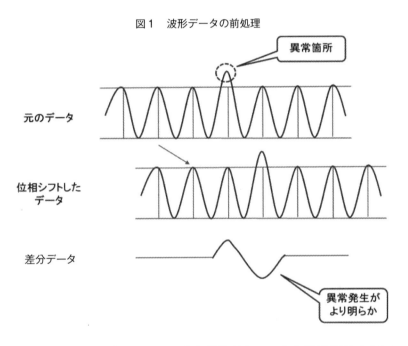

図1 波形データの前処理

前処理に関する発明は、このような推論対象データを機械学習モデルによる特徴抽出に適したデータに変換することに特徴があるような発明として類型化され得る。

本章では、前処理に関する発明について、どのようなクレームを記載することが適切であるか、また、どのような実施例を記載することが適切であるか説明する。

2．前処理に関する発明のクレームの書き方

(1) 基本的な考え方

　前処理に関する発明のクレームでは、類型Ⅰ及び類型Ⅱにおいて説明した訓練処理に関するクレームと推論処理に関するクレームに、前処理に関する発明特定事項が追加される。すなわち、訓練装置及び／又は推論装置のクレームに前処理部の構成要素を追加し、訓練方法及び／又は推論方法のクレームに前処理（ステップ／工程）の構成要素を追加することになる。

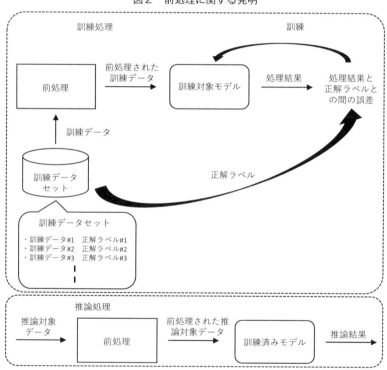

図2　前処理に関する発明

　なお、前処理自体に特許性があると考えられる場合、前処理装置及び／又は前処理方法に関するクレーム自体を記載することを検討してもよいと考える。

しかしながら、仮に前処理装置及び／又は前処理方法に関するクレーム自体を記載したとしても、当該前処理は、機械学習モデルの特徴抽出に資するために実行されることを考慮すると、依然として前処理に関する発明特定事項を含む訓練装置、推論装置等のクレームを記載することは意義があると考える。すなわち、当該前処理を実現する構成と、訓練装置等の訓練処理に関するクレーム、推論装置等の推論処理に関するクレームとは一体的な構成として権利化を図ることを検討するようにしてもよいと考える。

したがって、前処理に関する発明については、「前処理を含む訓練処理に関するクレームと、前処理を含む推論処理に関するクレームとを『分けて』記載する」という基本的な考え方が適用され得る。

（2）前処理に関する発明のクレーム

前処理に関する発明は、訓練装置、訓練方法、訓練プログラム、推論装置、推論方法、推論プログラム、機械学習モデル、前処理装置、前処理方法、前処理プログラムなどのクレームによって記載することを検討してもよいと考える。

ここで、前処理に関する発明の訓練装置は、例えば以下のように記載することができる。

【訓練装置】
ⅰ）訓練データと正解ラベルとを含む訓練データセットを取得する取得部と、
ⅱ）<u>前記訓練データを前処理する前処理部と、</u>
ⅲ）<u>前記前処理された訓練データ</u>を訓練対象モデルに入力し、前記訓練対象モデルから処理結果を取得する処理部と、
ⅳ）前記処理結果と前記正解ラベルとの誤差に基づいて前記訓練対象モデルを訓練する訓練部と、
を有する、訓練装置。

すなわち、訓練データセットの訓練データが、訓練対象モデルへの入力前に前処理部によって前処理された訓練データに変換される。そして、訓練対象モデルへの入力データが、訓練データの代わりに前処理された訓練データになる。

ここに記載した訓練装置は、第3章において記載した訓練装置の汎用的なクレーム構成に発明特定事項ⅱ）の前処理部が追加され、また、発明特定事項ⅲ）の処理部の訓練対象モデルに前処理された訓練データが入力されることを記載している点に留意されたい。

また、前処理に関する発明の推論装置は、典型的には、以下のように記載することができると考える。

【推論装置】
 ⅰ）推論対象データを取得する取得部と、
 ⅱ）<u>前記推論対象データを前処理する前処理部と、</u>
 ⅲ）<u>前記前処理された</u>推論対象データを訓練済みモデルに入力し、前記訓練済みモデルから推論結果を取得する処理部と、
を有し、
 ⅳ）前記訓練済みモデルは、<u>前処理された訓練データ</u>に対する訓練対象モデルの処理結果と正解ラベルとの誤差に基づいて訓練されている、推論装置。

すなわち、推論対象データが、訓練済みモデルへの入力前に前処理部によって前処理された推論対象データに変換される。そして、訓練済みモデルへの入力データが、推論対象データの代わりに前処理された推論対象データになる。

ここに記載した推論装置は、第3章において記載した推論装置の汎用的なクレーム構成に発明特定事項ⅱ）の前処理部が追加され、また、発明特定事項ⅲ）の処理部の訓練対象モデルに前処理された推論対象データが入力されることを記載している点に留意されたい。

3. 前処理に関する発明の実施例の書き方

(1) 基本的な考え方

前処理に関する発明の実施例では、類型Ⅰ及び類型Ⅱにおいて説明した訓練処理に関する実施例と推論処理に関する実施例とに、前処理の具体的な処理内容を追加する。すなわち、訓練処理に関する実施例においては、訓練データに対してどのような前処理を実行するか、そして、前処理された訓練データを利用して訓練対象モデルをどのように訓練・生成するかについて説明する。

一方、推論処理に関する実施例においては、推論対象データに対してどのような前処理を実行するか、訓練済みモデルを利用して、前処理された推論対象データからどのように推論結果を取得するかを説明する。

このように、前処理に関する発明についても類型Ⅰと類型Ⅱと同様に、「前処理を含む訓練処理に関する実施例と、前処理を含む推論処理に関する実施例とを『分けて』記載する」という基本的な考え方が適用され得る。

(2) 前処理に関する発明の実施例における留意点

前処理に関する発明の実施例では、当該前処理の具体的な処理内容を説明するだけでなく、前処理によって導出されたデータが機械学習モデルの推論精度を向上させ得るものであることも説明する必要がある。

例えば上述した波形データに対する異常検出の例では、判定対象の波形データをそのまま異常検出モデルに入力して異常を検出するよりも、波形データを位相シフトし、位相シフトされた波形データと元の波形データとの差分データを異常検出モデルに入力して異常を検出した方が高精度な異常検出を実現できることを説明する必要がある。例えば図1に示したような元の波形データと、前処理によって導出された差分データとを対比すれば、差分データを異常検出モデルに入力して異常検出した方が、より良く異常検出できることは当業者に理解できると考える。他方、前処理によって導出されたデータが機械学習モデルによる特徴抽出に資するか、必ずしも明確でない場合、当該前処理の技術的意義が不明となり得る。

このため、前処理に関する発明の実施例では、当該前処理によって導出されたデータが、前処理なく元のデータを機械学習モデルに入力するよりも、推論精度を向上させ得るものであることを説明する必要がある。

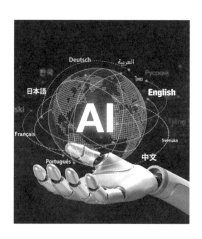

4. 前処理に関する発明の仮想事例に対する特許明細書

前処理に関する発明の仮想事例として、波形データを位相シフトし、位相シフトされた波形データと元の波形データとの差分データを異常検出モデルに入力して異常検出を実行するという仮想事例を考える。

具体的には、以下のような訓練装置と推論装置とのクレームを考える。

【訓練装置】
ⅰ）訓練波形データと異常の有無を示す正解ラベルとを含む訓練データセットを取得する取得部と、
ⅱ）前記訓練波形データの位相を所定の周期数だけシフトした位相シフト訓練波形データと前記訓練波形データとの差分データを導出する前処理部と、
ⅲ）前記差分データを訓練対象の異常検出モデルに入力し、前記訓練対象の異常検出モデルから処理結果を取得する処理部と、
ⅳ）前記正解ラベルと前記処理結果との誤差に基づいて前記訓練対象の異常検出モデルを訓練する訓練部と、
を有する、訓練装置。

【推論装置】
ⅰ）波形データを取得する取得部と、
ⅱ）前記波形データの位相を所定の周期数だけシフトした位相シフト波形データと前記波形データとの差分データを導出する前処理部と、
ⅲ）前記差分データを訓練済み異常検出モデルに入力し、前記訓練済み異常検出モデルから前記波形データの異常検出結果を取得する処理部と、
を有し、
ⅳ）前記訓練済み異常検出モデルは、訓練波形データに対する訓練

対象の異常検出モデルの処理結果と正解ラベルとの誤差に基づいて訓練されている、推論装置。

この場合、出願対象の発明に対して、以下のような明細書・図面を記載できる。

【書類名】明細書
【発明の名称】訓練装置、訓練方法、訓練プログラム、推論装置、推論方法、推論プログラム及び異常検出モデル
【技術分野】
　【0001】
　本発明は、訓練装置、訓練方法、訓練プログラム、推論装置、推論方法、推論プログラム及び異常検出モデルに関する。
【背景技術】
　【0002】
　昨今の深層学習技術の進化によって、従来のルールベースによる異常検出の代わりに、機械学習を利用した異常検出モデルが研究開発されてきた。
・・・・・・・・
　【先行技術文献】
【特許文献】
　【00XX】
　【特許文献1】特開20XX-123456号公報
【発明の概要】
【発明が解決しようとする課題】
　【00XX】
　本発明の課題は、機械学習モデルを利用した波形データにおける異常検出技術を提供することである。
【課題を解決するための手段】
　【00XX】
　本発明の一態様は、波形データを取得する取得部と、前記波形データの

位相を所定の周期数だけシフトした位相シフト波形データと前記波形データとの差分データを導出する前処理部と、前記差分データを訓練済み異常検出モデルに入力し、前記訓練済み異常検出モデルから前記波形データの異常検出結果を取得する処理部と、を有し、前記訓練済み異常検出モデルは、訓練波形データに対する訓練対象の異常検出モデルの処理結果と正解ラベルとの誤差に基づいて訓練されている、推論装置に関する。

【OOXX】

本発明の他の態様は、訓練波形データと異常の有無を示す正解ラベルとを含む訓練データセットを取得する取得部と、前記訓練波形データの位相を所定の周期数だけシフトした位相シフト訓練波形データと前記訓練波形データとの差分データを導出する前処理部と、前記差分データを訓練対象の異常検出モデルに入力し、前記訓練対象の異常検出モデルから処理結果を取得する処理部と、前記正解ラベルと前記処理結果との誤差に基づいて前記訓練対象の異常検出モデルを訓練する訓練部と、を有する、訓練装置に関する。

【OOXX】

本発明の更なる他の態様は、波形データの位相を所定の周期数だけシフトした位相シフト波形データと前記波形データとの差分データを取得することと、前記波形データの異常検出結果を出力することと、をコンピュータに実行させる異常検出モデルであって、前記異常検出モデルは、訓練波形データに対する訓練対象の異常検出モデルの処理結果と正解ラベルとの誤差に基づいて訓練されている、異常検出モデルに関する。

【発明の効果】

【OOXX】

本発明によると、機械学習モデルを利用した波形データにおける異常検出技術を提供することができる。

【図面の簡単な説明】

【OOXX】

【図1】本発明の一実施例による異常検出処理を示す概略図である。

【図2】本発明の一実施例による訓練装置及び推論装置のハードウエア

構成を示すブロック図である。
　【図３】本発明の一実施例による訓練装置の機能構成を示すブロック図である。
　【図４】本発明の一実施例による訓練方法を示すフローチャートである。
　【図５】本発明の一実施例による推論装置の機能構成を示すブロック図である。
　【図６】本発明の一実施例による推論方法を示すフローチャートである。
【発明を実施するための形態】
　【００ＸＸ】
　以下、図面を参照して本開示の実施の形態を説明する。
　【００ＸＸ】
　［概略］
　以下の実施例による波形データに対する異常検出処理を概略すると、訓練装置１００は、判定対象の波形データを前処理し、前処理された波形データから当該波形データの異常の有無を示す処理結果を出力する異常検出モデルを訓練・生成する。具体的には、図１に示されるように、データベースから訓練データセットを受け付けると、訓練装置１００は、訓練波形データを所定の周期数だけ位相シフトし、位相シフトした波形データと訓練波形データとの差分データを導出する。そして、訓練装置１００は、訓練対象の異常検出モデル３０に差分データを入力し、訓練対象の異常検出モデル３０から処理結果を取得する。そして、訓練装置１００は、訓練波形データに対応する正解ラベルと処理結果との誤差を算出し、当該誤差に基づいて訓練対象の異常検出モデル３０のパラメータを調整する。
　【００ＸＸ】
　また、推論装置２００は、このように訓練された訓練済み異常検出モデル３０を利用して、判定対象の波形データを前処理するため、当該判定対象の波形データを所定の周期数だけ位相シフトし、位相シフトした波形データと判定対象の波形データとの差分データを訓練済み異常検出モデル３０に入力する。そして、推論装置２００は、訓練済み異常検出モデル３０から当該波形データの異常の有無を検出することができる。
　【００ＸＸ】

本実施例による異常検出処理によると、判定対象の波形データを前処理することによって、判定対象の波形データから機械学習モデルがより容易に特徴抽出可能な差分データを導出し、導出した差分データに対して異常検出モデル30による異常検出が実行される。これにより、判定対象の波形データをそのまま利用して異常検出を実行するのと比較して、前処理された差分データを利用してより高精度に異常検出を実現することができる。

【00XX】

ここで、訓練装置100及び推論装置200はそれぞれ、サーバ、パーソナルコンピュータ（PC）、スマートフォン、タブレット等の計算装置によって実現されてもよく、例えば図2に示されるようなハードウエア構成を有してもよい。すなわち、訓練装置100及び推論装置200はそれぞれ、バスBを介し相互接続されるドライブ装置101、ストレージ装置102、メモリ装置103、プロセッサ104、ユーザインタフェース（UI）装置105及び通信装置106を有する。

【00XX】

訓練装置100及び推論装置200における各種機能及び処理を実現するプログラム又は指示は、CD-ROM（Compact Disk-Read Only Memory）、フラッシュメモリ等の着脱可能な記憶媒体に格納されてもよい。当該記憶媒体がドライブ装置101にセットされると、プログラム又は指示が記憶媒体からドライブ装置101を介しストレージ装置102又はメモリ装置103にインストールされる。ただし、プログラム又は指示は、必ずしも記憶媒体からインストールされる必要はなく、ネットワークなどを介しいずれかの外部装置からダウンロードされてもよい。

【00XX】

ストレージ装置102は、ハードディスクドライブなどによって実現され、インストールされたプログラム又は指示とともに、プログラム又は指示の実行に用いられるファイル、データ等を格納する。

【00XX】

メモリ装置103は、ランダムアクセスメモリ、スタティックメモリ等によって実現され、プログラム又は指示が起動されると、ストレージ装置

102からプログラム又は指示、データ等を読み出して格納する。ストレージ装置102、メモリ装置103及び着脱可能な記憶媒体は、非一時的な記憶媒体（non-transitory storage medium）として総称されてもよい。

【00XX】
プロセッサ104は、1つ以上のプロセッサコアから構成され得る1つ以上のCPU（Central Processing Unit）、GPU（Graphics Processing Unit）、処理回路（processing circuitry）等によって実現されてもよく、メモリ装置103に格納されたプログラム、指示、当該プログラム若しくは指示を実行するのに必要なパラメータなどのデータ等に従って、訓練装置100及び推論装置200の各種機能及び処理を実行する。

【00XX】
ユーザインタフェース（UI）装置105は、キーボード、マウス、カメラ、マイクロフォン等の入力装置、ディスプレイ、スピーカー、ヘッドセット、プリンタ等の出力装置、タッチパネル等の入出力装置から構成されてもよく、ユーザと訓練装置100及び推論装置200との間のインタフェースを実現する。例えばユーザは、ディスプレイ又はタッチパネルに表示されたGUI（Graphical User Interface）をキーボード、マウス等を操作し、訓練装置100及び推論装置200を操作してもよい。

【00XX】
通信装置106は、外部装置、インターネット、LAN（Local Area Network）、セルラーネットワーク等の通信ネットワークとの有線及び／又は無線通信処理を実行する各種通信回路により実現される。

【00XX】
しかしながら、上述したハードウエア構成は単なる一例であり、本発明による訓練装置100及び推論装置200は、他のいずれか適切なハードウエア構成により実現されてもよい。

【00XX】
［訓練装置］
次に、本発明の一実施例による訓練装置100を説明する。図3は、本発明の一実施例による訓練装置100の機能構成を示すブロック図であ

第7章 類型Ⅲ 前処理に関する発明

る。図3に示されるように、訓練装置100は、取得部110、前処理部120、処理部130及び訓練部140を有する。取得部110、前処理部120、処理部130及び訓練部140の各機能部は、訓練装置100のメモリ装置103に格納されているコンピュータプログラムがプロセッサ104によって実行されることによって実現されてもよい。

【00XX】

取得部110は、訓練波形データと正解ラベルとを含む訓練データセットを取得する[2]。具体的には、取得部110は、データベースから訓練データセットを取得し、取得した訓練波形データを前処理部120に提供し、当該訓練波形データに対応する正解ラベルを訓練部140に提供する。

・・・・・・・・[3]

【00XX】

前処理部120は、訓練波形データの位相を所定の周期数だけシフトした位相シフト訓練波形データと訓練波形データとの差分データを導出する[4]。具体的には、前処理部120は、訓練波形データを所定の周期数だけ位相シフトすることによって、位相シフトした訓練波形データを導出し、位相シフトした訓練波形データと訓練波形データとの差分データを導出する。前処理部120は、導出した差分データを処理部130に提供する。

・・・・・・・・[5]

【00XX】

処理部130は、差分データを訓練対象の異常検出モデル30に入力し、訓練対象の異常検出モデル30から処理結果を取得する[6]。例えば訓練対

2　請求項4の「訓練装置」の「訓練波形データと異常の有無を示す正解ラベルとを含む訓練データセットを取得する取得部」に対応する文言を記載する。
3　「取得部」による処理を実施可能な程度に記載する。
4　「訓練装置」の「前記訓練波形データの位相を所定の周期数だけシフトした位相シフト訓練波形データと前記訓練波形データとの差分データを導出する前処理部」に対応する文言を記載する。
5　「前処理部」による処理を実施可能な程度に記載する。
6　「訓練装置」の「前記差分データを訓練済み異常検出モデルに入力し、前記訓練済み異常検出モデルから前記波形データの異常検出結果を取得する処理部」に対応する文言を記載する。

象の異常検出モデル30がニューラルネットワークモデルとして実現される場合、処理部130は、訓練対象の異常検出モデル30の入力レイヤに差分データを入力し、入力レイヤから中間レイヤを経て、訓練対象の異常検出判定モデル30の出力レイヤから処理結果を取得する。処理部130は、取得した処理結果を訓練部140に提供する。

・・・・・・・・・[7]

【00XX】

訓練部140は、正解ラベルと処理結果との誤差に基づいて訓練対象の異常検出モデル30を訓練する[8]。具体的には、訓練対象の異常検出モデル30がニューラルネットワークモデルとして実現される場合、訓練部140は、正解ラベルと処理結果との誤差を算出し、算出した誤差が小さくなるように、誤差逆伝播法に従って訓練対象の異常検出モデル30のパラメータを更新する。

・・・・・・・・・[9]

【00XX】

上述した訓練装置100によると、判定対象の波形データをそのまま利用して異常検出を実行するのと比較して、特徴抽出が容易となるよう前処理された差分データを利用して、より高精度に異常検出を実現する異常検出モデル30を生成することができる。

【00XX】

[訓練方法]

次に、本発明の一実施例による訓練方法を説明する。図4は、本発明の一実施例による訓練方法を示すフローチャートである。当該訓練方法は、上述した訓練装置100によって実現されてもよい。具体的には、当該訓練方法は、訓練装置100のメモリ装置103に格納されているプログラムがプロセッサ104によって実行されることによって実現されてもよ

---

7 「処理部」による処理を実施可能な程度に記載する。
8 「訓練装置」の「前記正解ラベルと前記処理結果との誤差に基づいて前記訓練対象の異常検出モデルを訓練する訓練部」に対応する文言を記載する。
9 「訓練部」による処理を実施可能な程度に記載する。

い。

【00XX】

図4に示されるように、ステップS101において、訓練装置100は、訓練波形データと正解ラベルとから構成される訓練データセットを取得する[10]。

・・・・・・・・・

【00XX】

ステップS102において、訓練装置100は、訓練波形データを前処理する。具体的には、訓練装置100は、訓練波形データを所定の周期数だけ位相シフトし、位相シフトした訓練波形データを取得する。そして、訓練装置100は、位相シフトした訓練波形データと訓練波形データとの差分データを導出する[11]。

・・・・・・・・・

【00XX】

ステップS103において、訓練装置100は、訓練対象の異常検出モデル30に差分データを入力する[12]。

・・・・・・・・・

【00XX】

ステップS104において、訓練装置100は、訓練対象の異常検出モデル30から処理結果を取得する[13]。

・・・・・・・・・

【00XX】

---

10 請求項5の「訓練方法」の「訓練波形データと異常の有無を示す正解ラベルとを含む訓練データセットを取得すること」に対応する文言を記載する。
11 「訓練方法」の「前記訓練波形データの位相を所定の周期数だけシフトした位相シフト訓練波形データと前記訓練波形データとの差分データを導出すること」に対応する文言を記載する。
12 「訓練方法」の「前記差分データを訓練対象の異常検出モデルに入力し」に対応する文言を記載する。
13 「訓練方法」の「前記訓練対象の異常検出モデルから処理結果を取得すること」に対応する文言を記載する。

ステップS105において、訓練装置100は、処理結果と正解ラベルとの誤差を算出する[14]。

・・・・・・・・・

【00XX】

ステップS106において、訓練装置100は、算出した誤差に基づいて訓練対象の異常検出モデル30を訓練する[15]。

・・・・・・・・・

【00XX】

ステップS107において、訓練装置100は、終了条件を充足したか判定する。終了条件を充足していない場合（S106：NO）、当該訓練方法は、ステップS102に戻って、上述したステップS102～S106を繰り返す。他方、終了条件を充足している場合（S106：YES）、当該訓練方法は終了し、最終的に取得された異常検出モデル30を訓練済み異常検出モデル30として推論装置200に提供する。

・・・・・・・・・

【00XX】

上述した訓練方法によると、判定対象の波形データをそのまま利用して異常検出を実行するのと比較して、特徴抽出が容易となるよう前処理された差分データを利用して、より高精度に異常検出を実現する異常検出モデル30を生成することができる。

【00XX】

［推論装置］

次に、本発明の一実施例による推論装置200を説明する。図5は、本発明の一実施例による推論装置200の機能構成を示すブロック図である。図5に示されるように、推論装置200は、取得部210、前処理部220及び処理部230を有する。取得部210、前処理部220及び処理

---

14 「訓練方法」の「前記正解ラベルと前記処理結果との誤差」に対応する文言を記載する。
15 「訓練方法」の「誤差に基づいて前記訓練対象の異常検出モデルを訓練すること」に対応する文言を記載する。

部230の各機能部は、推論装置200のメモリ装置103に格納されているコンピュータプログラムがプロセッサ104によって実行されることによって実現されてもよい。

【00XX】
取得部210は、判定対象の波形データを取得する[16]。具体的には、取得部210は、判定対象の波形データを取得し、取得した波形データを前処理部220に提供する。

・・・・・・・・[17]

【00XX】
前処理部220は、判定対象の波形データを前処理する。具体的には、訓練装置100は、訓練波形データを所定の周期数だけ位相シフトし、位相シフトした訓練波形データを取得する。そして、訓練装置100は、位相シフトした訓練波形データと訓練波形データとの差分データを導出する[18]。

・・・・・・・

【00XX】
処理部230は、差分データを訓練済み異常検出モデル30に入力し、訓練済み異常検出モデル30から検出結果を取得する[19]。具体的には、処理部230は、前処理部220から取得した差分データを訓練済み異常検出モデル30に入力し、当該訓練済み異常検出モデル30を実行することによって処理結果を取得する。

・・・・・・・・[20]

【00XX】

---

16 請求項1の「推論装置」の「波形データを取得する取得部」に対応する文言を記載する。
17 「取得部」による処理を実施可能な程度に記載する。
18 「推論装置」の「前記波形データの位相を所定の周期数だけシフトした位相シフト波形データと前記波形データとの差分データを導出する前処理部」に対応する文言を記載する。
19 「推論装置」の「前記差分データを訓練済み異常検出モデルに入力し、前記訓練済み異常検出モデルから前記波形データの異常検出結果を取得する処理部」に対応する文言を記載する。
20 「処理部」による処理を実施可能な程度に記載する。

ここでの訓練済み異常検出モデル30は、波形データの位相を所定の周期数だけシフトした位相シフト波形データと波形データとの差分データを取得することと、波形データの異常検出結果を出力すること、をコンピュータに実行させ、訓練波形データに対する訓練対象の異常検出モデル30の処理結果と正解ラベルとの誤差に基づいて訓練されている。
・・・・・・・・[21]

【00XX】
　上述した推論装置200によると、判定対象の波形データをそのまま利用して異常検出を実行するのと比較して、特徴抽出が容易となるよう前処理された差分データを利用して、より高精度に異常検出を実現する異常検出モデル30を利用して、波形データの異常の有無を示す検出結果を取得することができる。

【00XX】
［推論方法］
　次に、本発明の一実施例による推論方法を説明する。図6は、本発明の一実施例による推論方法を示すフローチャートである。当該推論方法は、上述した推論装置200によって実現されてもよい。具体的には、当該推論方法は、推論装置200のメモリ装置103に格納されているプログラムがプロセッサ104によって実行されることによって実現されてもよい。

【00XX】
　図6に示されるように、ステップS201において、推論装置200は、推論対象波形データを取得する[22]。
・・・・・・・・

【00XX】
　ステップS202において、推論装置200は、推論対象波形データを

---

21 「異常検出モデル」に対応する文言を記載するとともに、「訓練済み異常検出モデル」の処理を実施可能な程度に記載する。
22 請求項2の「推論方法」の「波形データを取得すること」に対応する文言を記載する。

第7章　類型Ⅲ　前処理に関する発明

前処理する[23]。

・・・・・・・・・

【00XX】
ステップS203において、推論装置200は、訓練済み異常検出モデル30に差分データを入力する[24]。

・・・・・・・・・

【00XX】
ステップS204において、推論装置200は、訓練済み異常検出モデル30から検出結果を取得する[25]。

・・・・・・・・・

【00XX】
上述した推論方法によると、判定対象の波形データをそのまま利用して異常検出を実行するのと比較して、特徴抽出が容易となるよう前処理された差分データを利用して、より高精度に異常検出を実現する異常検出モデル30を利用して、波形データの異常の有無を示す検出結果を取得することができる。

【00XX】
以上、本開示の実施例について詳述したが、本開示は上述した特定の実施形態に限定されるものではなく、特許請求の範囲に記載された本開示の要旨の範囲内において、種々の変形・変更が可能である。
【符号の説明】
【00XX】
　　20　　データベース
　　30　　異常検出モデル

23　「推論方法」の「前記波形データの位相を所定の周期数だけシフトした位相シフト波形データと前記波形データとの差分データを導出すること」に対応する文言を記載する。
24　「推論方法」の「前記差分データを訓練済み異常検出モデルに入力し」に対応する文言を記載する。
25　「推論方法」の「前記訓練済み異常検出モデルから前記波形データの異常検出結果を取得すること」に対応する文言を記載する。

100　訓練装置
110　取得部
120　前処理部
130　処理部
140　訓練部
200　推論装置
210　取得部
220　前処理部
230　処理部

【書類名】特許請求の範囲
【請求項1】
　波形データを取得する取得部と、
　前記波形データの位相を所定の周期数だけシフトした位相シフト波形データと前記波形データとの差分データを導出する前処理部と、
　前記差分データを訓練済み異常検出モデルに入力し、前記訓練済み異常検出モデルから前記波形データの異常検出結果を取得する処理部と、
　を有し、
　前記訓練済み異常検出モデルは、訓練波形データに対する訓練対象の異常検出モデルの処理結果と正解ラベルとの誤差に基づいて訓練されている、推論装置。
【請求項2】
　波形データを取得することと、
　前記波形データの位相を所定の周期数だけシフトした位相シフト波形データと前記波形データとの差分データを導出することと、
　前記差分データを訓練済み異常検出モデルに入力し、前記訓練済み異常検出モデルから前記波形データの異常検出結果を取得することと、
　を有し、
　前記訓練済み異常検出モデルは、訓練波形データに対する訓練対象の異常検出モデルの処理結果と正解ラベルとの誤差に基づいて訓練されてい

る、推論方法。
【請求項3】
　波形データを取得することと、
　前記波形データの位相を所定の周期数だけシフトした位相シフト波形データと前記波形データとの差分データを導出することと、
　前記差分データを訓練済み異常検出モデルに入力し、前記訓練済み異常検出モデルから前記波形データの異常検出結果を取得することと、
　をコンピュータに実行させ、
　前記訓練済み異常検出モデルは、訓練波形データに対する訓練対象の異常検出モデルの処理結果と正解ラベルとの誤差に基づいて訓練されている、推論プログラム。
【請求項4】
　訓練波形データと異常の有無を示す正解ラベルとを含む訓練データセットを取得する取得部と、
　前記訓練波形データの位相を所定の周期数だけシフトした位相シフト訓練波形データと前記訓練波形データとの差分データを導出する前処理部と、
　前記差分データを訓練対象の異常検出モデルに入力し、前記訓練対象の異常検出モデルから処理結果を取得する処理部と、
　前記正解ラベルと前記処理結果との誤差に基づいて前記訓練対象の異常検出モデルを訓練する訓練部と、
　を有する、訓練装置。
【請求項5】
　訓練波形データと異常の有無を示す正解ラベルとを含む訓練データセットを取得することと、
　前記訓練波形データの位相を所定の周期数だけシフトした位相シフト訓練波形データと前記訓練波形データとの差分データを導出することと、
　前記差分データを訓練対象の異常検出モデルに入力し、前記訓練対象の異常検出モデルから処理結果を取得することと、
　前記正解ラベルと前記処理結果との誤差に基づいて前記訓練対象の異常

検出モデルを訓練することと、
　をコンピュータが実行する、訓練方法。
【請求項６】
　訓練波形データと異常の有無を示す正解ラベルとを含む訓練データセットを取得することと、
　前記訓練波形データの位相を所定の周期数だけシフトした位相シフト訓練波形データと前記訓練波形データとの差分データを導出することと、
　前記差分データを訓練対象の異常検出モデルに入力し、前記訓練対象の異常検出モデルから処理結果を取得することと、
　前記正解ラベルと前記処理結果との誤差に基づいて前記訓練対象の異常検出モデルを訓練することと、
　をコンピュータに実行させる、訓練プログラム。
【請求項７】
　波形データの位相を所定の周期数だけシフトした位相シフト波形データと前記波形データとの差分データを取得することと、
　前記波形データの異常検出結果を出力することと、
　をコンピュータに実行させる異常検出モデルであって、
　前記異常検出モデルは、訓練波形データに対する訓練対象の異常検出モデルの処理結果と正解ラベルとの誤差に基づいて訓練されている、異常検出モデル。

【書類名】要約書
【要約】
【課題】機械学習モデルを利用した波形データにおける異常検出技術を提供することである。
【解決手段】本発明の一態様は、波形データを取得する取得部と、前記波形データの位相を所定の周期数だけシフトした位相シフト波形データと前記波形データとの差分データを導出する前処理部と、前記差分データを訓練済み異常検出モデルに入力し、前記訓練済み異常検出モデルから前記波形データの異常検出結果を取得する処理部と、を有し、前記訓練済み異常

検出モデルは、訓練波形データに対する訓練対象の異常検出モデルの処理結果と正解ラベルとの誤差に基づいて訓練されている、推論装置に関する。
【選択図】図1

【図1】

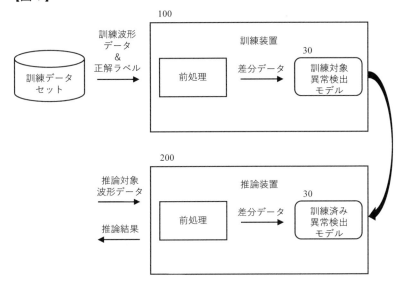

【図2】第3章 p.81 の【図2】と同一につき省略

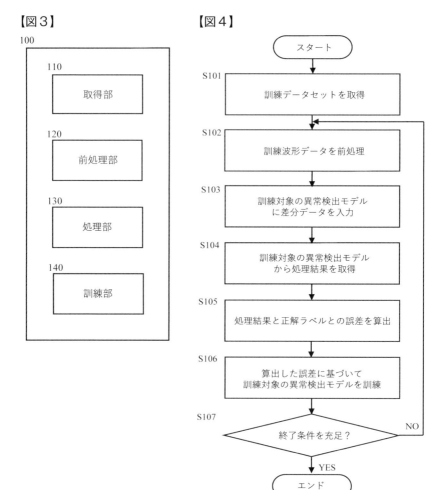

第 7 章　類型Ⅲ　前処理に関する発明

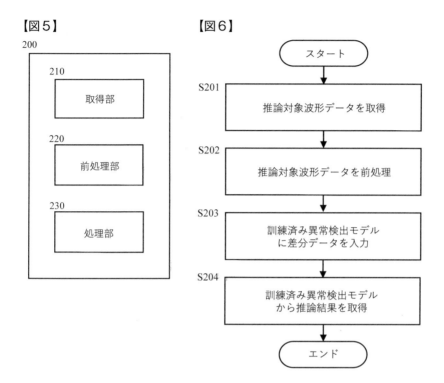

第8章
類型Ⅳ
データ拡張に関する発明

1．データ拡張に関する発明とは

　第7章の類型Ⅲの前処理に関する発明とともに、最近、研究開発が進められている機械学習技術の一つの分野として、データ拡張技術がある。一般に、機械学習モデルの訓練には大量の訓練データが必要とされる。一方、訓練データの収集及び準備は、コストがかかる作業であり、機械学習モデルを訓練するための訓練データを効率的に収集したいというニーズがある。

　データ拡張に関する発明は、訓練データをどのように増加・生成させるかに関する発明であり、データ拡張によって増加・生成された訓練データを利用してどのように訓練対象の機械学習モデルを訓練・生成するか、また、データ拡張によって増加・生成された訓練データによって訓練・生成された訓練済み機械学習モデルを利用して、どのように推論処理を実行するかについては、前述した類型Ⅰの訓練処理に関する発明及び類型Ⅱの推論処理に関する発明と実質的に同様である。

　例えば画像に対するデータ拡張では、従来のように人手等によって収集された訓練画像に対して拡大・縮小、センタリング、回転、反転、輝度変更などの各種データ変換を実行し、データ変換によって生成された画像をデータ拡張された訓練データとして訓練データセットに追加する。このようにして、人手等によって収集された訓練データと、当該訓練データからデータ拡張によって生成されたデータ拡張された訓練データとが訓練対象の機械学習モデルを訓練するための訓練データセットとして利用される。

　本章では、データ拡張に関する発明について、どのようなクレームを記載することが適切であるか、また、どのような実施例を記載することが適切であるか説明する。

第 8 章 類型Ⅳ データ拡張に関する発明

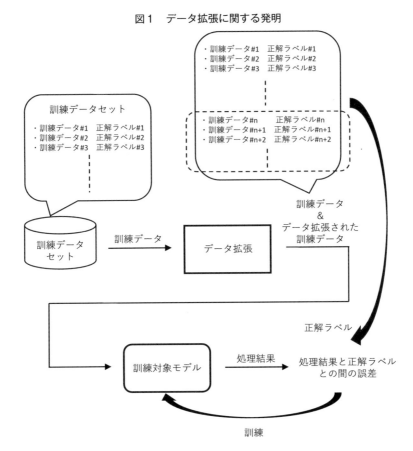

図 1 データ拡張に関する発明

2．データ拡張に関する発明のクレームの書き方

（1）基本的な考え方

データ拡張に関する発明のクレームでは、訓練処理に関するクレームの訓練データセットがデータ拡張された訓練データを含むことと、推論処理に関するクレームの訓練済み機械学習モデルがデータ拡張された訓練データによって訓練・生成されることとが記載される。

したがって、データ拡張に関する発明については、「データ拡張された訓練データを含む訓練データセットを用いた訓練処理に関するクレームと、データ拡張された訓練データを含む訓練データセットを用いて訓練された訓練済み機械学習モデルを利用した推論処理に関するクレームとを『分けて』記載する」という基本的な考え方が適用され得る。

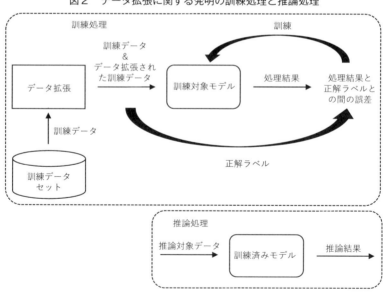

図2　データ拡張に関する発明の訓練処理と推論処理

なお、データ拡張の処理内容自体に特許性があると考えられる場合、データ拡張装置及び／又はデータ拡張方法に関するクレーム自体を記載するこ

とを検討してもよいと考えるが、仮にデータ拡張装置及び／又はデータ拡張方法に関するクレーム自体を記載したとしても、データ拡張された訓練データによって訓練対象の機械学習モデルを訓練する訓練処理に関するクレームと、データ拡張された訓練データによって訓練・生成された訓練済み機械学習モデルを利用した推論処理に関するクレームとを記載することは意義があると考える。

すなわち、データ拡張は機械学習モデルを訓練・生成するために実行されることを考慮すると、データ拡張装置だけでなく、データ拡張された訓練データによって訓練対象の機械学習モデルを訓練する訓練処理に関するクレームと、データ拡張された訓練データによって訓練・生成された訓練済み機械学習モデルを利用した推論処理に関するクレームとの権利化を図ることは重要である。

(2) データ拡張に関する発明のクレーム

このように、データ拡張に関する発明は、訓練装置、訓練方法、訓練プログラム、推論装置、推論方法、推論プログラム、機械学習モデル、データ拡張装置、データ拡張方法、データ拡張プログラムなどのクレームによって記載することを検討してもよいと考える。

ここで、データ拡張に関する発明の訓練装置は、典型的には、以下のように記載することができる。

【訓練装置】
　ⅰ) 訓練データ及びデータ拡張された訓練データと正解ラベルとを含む訓練データセットを取得する取得部と、
　ⅱ) 前記訓練データ及び前記データ拡張された訓練データを訓練対象モデルに入力し、前記訓練対象モデルから処理結果を取得する処理部と、
　ⅲ) 前記処理結果と前記正解ラベルとの誤差に基づいて前記訓練対象モデルを訓練する訓練部と、
を有する、訓練装置。

すなわち、訓練データセットがデータ拡張された訓練データを含むことを記載している。典型的なデータ拡張では、データ拡張された訓練データは手作業等で収集された訓練データにデータ拡張を行うことで生成されるため、訓練データセットはデータ拡張された訓練データだけでなく、訓練データも含み得る。

　ここに記載した訓練装置は、第３章において記載した訓練装置の汎用的なクレーム構成に発明特定事項ⅰ）の訓練データセットが訓練データ及びデータ拡張された訓練データと正解ラベルとを含むことが記載され、また、発明特定事項ⅱ）の訓練対象モデルに訓練データとともにデータ拡張された訓練データが入力されることを記載している点に留意されたい。

　また、データ拡張に関する発明の推論装置は、典型的には、以下のように記載することができると考える。

【推論装置】
　ⅰ）推論対象データを取得する取得部と、
　ⅱ）前記推論対象データを訓練済みモデルに入力し、前記訓練済みモデルから推論結果を取得する処理部と、
　を有し、
　ⅲ）前記訓練済みモデルは、訓練データ及びデータ拡張された訓練データに対する訓練対象モデルの処理結果と正解ラベルとの誤差に基づいて訓練されている、推論装置。

　すなわち、訓練済みモデルは訓練データ及びデータ拡張された訓練データを用いて訓練・生成される。

　ここに記載した推論装置は、第３章において記載した推論装置の汎用的なクレーム構成に発明特定事項ⅲ）の訓練対象モデルに訓練データだけでなくデータ拡張された訓練データもまた、入力されることを記載している点に留意されたい。

3．データ拡張に関する発明の実施例の書き方

（1）基本的な考え方

　データ拡張に関する発明の実施例では、訓練対象の機械学習モデルを訓練するのに利用する訓練データをどのように増加・生成させるか、すなわち、データ拡張の具体的な処理内容を主として説明する。一方、データ拡張された訓練データを用いた訓練処理は、データ拡張することなく収集された訓練データセットを用いた訓練処理と実質的に同様であり、データ拡張された訓練データを利用して、どのように訓練対象の機械学習モデルを訓練・生成するか、また、データ拡張された訓練データによって訓練・生成された訓練済み機械学習モデルを利用して、どのように推論処理を実行するかについては、上述した類型Ⅰの訓練処理に関する発明の実施例と、類型Ⅱの推論処理に関する発明の実施例と実質的に同様である。

　このように、データ拡張に関する発明の実施例では、「データ拡張された訓練データを利用して訓練対象の機械学習モデルを訓練する訓練処理に関する実施例と、データ拡張された訓練データを用いて訓練された訓練済み機械学習モデルを利用した推論処理に関する実施例とを『分けて』記載する」という基本的な考え方が適用され得る。

　なお、データ拡張自体に特許性があると考えられる場合、データ拡張された訓練データを用いた訓練処理に関するクレームや推論装置に関するクレームの権利化は図らないという考え方もあり得る。この場合、データ拡張の処理自体の実施例のみを明細書に記載し、データ拡張された訓練データを利用した訓練処理に関する実施例やデータ拡張された訓練データを用いて訓練された訓練済み機械学習モデルを利用した推論処理に関する実施例は不要であるかもしれない。

　しかしながら、データ拡張に関するクレームのみの権利化を図る場合であっても、データ拡張された訓練データを利用した訓練処理に関する実施例と、データ拡張された訓練データを用いて訓練された訓練済み機械学習モデルを利用した推論処理に関する実施例とを明細書・図面に開示することは意味があると考える。

すなわち、データ拡張に関する発明は、訓練対象の機械学習モデルの訓練・生成に用いられることが前提となっており、訓練対象の機械学習モデルの訓練処理や当該訓練処理によって訓練された訓練済み機械学習モデルを利用した推論処理と密接に結び付いている。

　また、訓練対象の機械学習モデルの訓練処理と無関係なデータ拡張の処理内容は、拡大・縮小、回転、反転、輝度変更などの情報処理分野では公知のデータ変換やそれらの組合せとみなされ得ることが多く、このようなデータ拡張の処理内容自体は新規性や進歩性を主張するのが困難なケースが多いかもしれない。

　したがって、データ拡張に関するクレームのみの権利化を図る場合であっても、訓練対象の機械学習モデルの訓練処理に関する実施例と、当該訓練処理によって訓練された訓練済み機械学習モデルを利用した推論処理に関する実施例とを明細書・図面に開示することは意味があると考える。

（２）データ拡張に関する発明の実施例における留意点

　データ拡張に関する発明の実施例では、まずは訓練対象の機械学習モデルを訓練・生成するための訓練データをどのように拡張・生成するか、すなわち、データ拡張の具体的な処理内容を説明する。

　次に、このデータ拡張された訓練データを利用して訓練対象の機械学習モデルを訓練・生成するための訓練処理に関する実施例を説明する。そして、データ拡張された訓練データによって訓練・生成された訓練済み機械学習モデルを利用した推論処理に関する実施例を説明する。

　換言すると、訓練データを拡張・生成するためのデータ拡張の具体的な処理内容をまず説明する。典型的には、既存のデータなどから抽出・収集された訓練データに基づいて訓練データセットが用意される。用意された訓練データセットの訓練データから新たな訓練データを生成するためのデータ拡張が実行され、データ拡張された訓練データが生成される。データ拡張された訓練データは訓練データセットに追加され、元の訓練データとデータ拡張された訓練データとを利用して、訓練対象の機械学習モデルを訓練・生成するための訓練処理が実行される。

第8章 類型Ⅳ データ拡張に関する発明

　データ拡張された訓練データを利用して訓練対象の機械学習モデルを訓練・生成するための訓練処理に関する実施例と、データ拡張された訓練データにより訓練された訓練済み機械学習モデルを利用した推論処理に関する実施例とは、類型Ⅰと類型Ⅱと実質的に同様に記載することができる。

4．データ拡張に関する発明の仮想事例に対する特許明細書

　データ拡張に関する発明の仮想事例として、訓練画像と、当該訓練画像からデータ拡張によって生成されたデータ拡張された訓練画像とから構成される訓練データセットを利用して訓練対象の欠陥有無判定モデルを訓練する訓練処理と、当該訓練処理によって訓練された訓練済み欠陥有無判定モデルを利用した推論処理とからなる仮想事例を考える。
　具体的には、以下のような訓練装置と推論装置とのクレームを考える。

【訓練装置】
ⅰ）訓練画像及びデータ拡張された訓練画像と正解ラベルとを含む訓練データセットを取得する取得部と、
ⅱ）前記訓練画像及び前記データ拡張された訓練画像を訓練対象の欠陥有無判定モデルに入力し、前記訓練対象の欠陥有無判定モデルから処理結果を取得する処理部と、
ⅲ）前記処理結果と前記正解ラベルとの誤差に基づいて前記訓練対象の欠陥有無判定モデルを訓練する訓練部と、
を有する、訓練装置。

【推論装置】
ⅰ）推論対象画像を取得する取得部と、
ⅱ）前記推論対象画像を訓練済み欠陥有無判定モデルに入力し、前記訓練済み欠陥有無判定モデルから推論結果を取得する処理部と、
を有し、
ⅲ）前記訓練済み欠陥有無判定モデルは、訓練画像及びデータ拡張された訓練画像に対する訓練対象の欠陥有無判定モデルの処理結果と正解ラベルとの誤差に基づいて訓練されている、推論装置。

この場合、出願対象の発明に対して、以下のような明細書・図面を記載できる。

【書類名】明細書
【発明の名称】訓練装置、訓練方法、訓練プログラム、推論装置、推論方法、推論プログラム及び欠陥有無判定モデル
【技術分野】
　　【0001】
　本発明は、訓練装置、訓練方法、訓練プログラム、推論装置、推論方法、推論プログラム及び欠陥有無判定モデルに関する。
【背景技術】
　　【0002】
　昨今の深層学習技術の進化によって、画像を処理するための各種機械学習技術が研究開発されてきた。
・・・・・・・・・

【先行技術文献】
【特許文献】
　　【00XX】
　　【特許文献1】特開20XX-123456号公報
【発明の概要】
【発明が解決しようとする課題】
　　【00XX】
　本発明の課題は、少数の訓練データから機械学習モデルを訓練するための技術を提供することである。
【課題を解決するための手段】
　　【00XX】
　本発明の一態様は、訓練画像及びデータ拡張された訓練画像と正解ラベルとを含む訓練データセットを取得する取得部と、前記訓練画像及び前記データ拡張された訓練画像を訓練対象の欠陥有無判定モデルに入力し、前記訓練対象の欠陥有無判定モデルから処理結果を取得する処理部と、前記

処理結果と前記正解ラベルとの誤差に基づいて前記訓練対象の欠陥有無判定モデルを訓練する訓練部と、を有する、訓練装置に関する。
【00XX】
　本発明の他の態様は、推論対象画像を取得する取得部と、前記推論対象画像を訓練済み欠陥有無判定モデルに入力し、前記訓練済み欠陥有無判定モデルから推論結果を取得する処理部と、を有し、前記訓練済み欠陥有無判定モデルは、訓練画像及びデータ拡張された訓練画像に対する訓練対象の欠陥有無判定モデルの処理結果と正解ラベルとの誤差に基づいて訓練されている、推論装置に関する。
【00XX】
　本発明の更なる他の態様は、推論対象画像を取得することと、前記推論対象画像に対する推論結果を出力することと、をコンピュータに実行させる欠陥有無判定モデルであって、前記欠陥有無判定モデルは、訓練画像及びデータ拡張された訓練画像に対する訓練対象の欠陥有無判定モデルの処理結果と正解ラベルとの誤差に基づいて訓練されている、欠陥有無判定モデルに関する。
【発明の効果】
【00XX】
　本発明によると、少数の訓練データから機械学習モデルを訓練するための技術を提供することができる。
【図面の簡単な説明】
【00XX】
　【図1】本発明の一実施例による訓練処理を示す概略図である。
　【図2】本発明の一実施例による訓練装置及び推論装置のハードウエア構成を示すブロック図である。
　【図3】本発明の一実施例による訓練装置の機能構成を示すブロック図である。
　【図4】本発明の一実施例による訓練方法を示すフローチャートである。
　【図5】本発明の一実施例による推論装置の機能構成を示すブロック図である。

【図6】本発明の一実施例による推論方法を示すフローチャートである。
【発明を実施するための形態】
【00XX】
　以下、図面を参照して本開示の実施の形態を説明する。
【00XX】
　[概略]
　以下の実施例による訓練処理を概略すると、訓練装置100は、判定対象の製品の外観を撮像した画像から当該製品の欠陥の有無を示す処理結果を出力する欠陥有無判定モデルを訓練・生成する。具体的には、データベースから訓練データセットを受け付けると、訓練装置100は、訓練対象の欠陥有無判定モデル30に訓練画像を入力し、訓練対象の欠陥有無判定モデル30から処理結果を取得する。そして、訓練装置100は、入力した訓練画像に対応する正解ラベルと処理結果との誤差を算出し、当該誤差に基づいて訓練対象の欠陥有無判定モデル30のパラメータを調整する。
【00XX】
　以下の実施例による訓練データセットは、図1に示すように、既存の画像などから収集された訓練画像＃1、＃2、…と、当該訓練画像に撮像された製品の欠陥の有無を示す正解ラベル＃1、＃2、…とから構成される訓練データだけでなく、当該訓練データに対してデータ拡張を実行することによって生成された訓練画像＃n、＃n＋1、…と、正解ラベル＃n、＃n＋1、…とから構成されるデータ拡張された訓練データとから構成される。
【00XX】
　また、推論装置200は、このように訓練された訓練済み欠陥有無判定モデル30を利用して、判定対象の製品の外観を撮像した画像から当該製品の欠陥の有無を判定することができる。
【00XX】
　本実施例によるデータ拡張によると、少数の訓練データから機械学習モデルを訓練することができる。
【00XX】
　ここで、訓練装置100及び推論装置200はそれぞれ、サーバ、パー

ソナルコンピュータ（PC）、スマートフォン、タブレット等の計算装置によって実現されてもよく、例えば図2に示されるようなハードウエア構成を有してもよい。すなわち、訓練装置100及び推論装置200はそれぞれ、バスBを介し相互接続されるドライブ装置101、ストレージ装置102、メモリ装置103、プロセッサ104、ユーザインタフェース（UI）装置105及び通信装置106を有する。

【00XX】
　訓練装置100及び推論装置200における各種機能及び処理を実現するプログラム又は指示は、CD-ROM（Compact Disk-Read Only Memory）、フラッシュメモリ等の着脱可能な記憶媒体に格納されてもよい。当該記憶媒体がドライブ装置101にセットされると、プログラム又は指示が記憶媒体からドライブ装置101を介しストレージ装置102又はメモリ装置103にインストールされる。ただし、プログラム又は指示は、必ずしも記憶媒体からインストールされる必要はなく、ネットワークなどを介しいずれかの外部装置からダウンロードされてもよい。

【00XX】
　ストレージ装置102は、ハードディスクドライブなどによって実現され、インストールされたプログラム又は指示とともに、プログラム又は指示の実行に用いられるファイル、データ等を格納する。

【00XX】
　メモリ装置103は、ランダムアクセスメモリ、スタティックメモリ等によって実現され、プログラム又は指示が起動されると、ストレージ装置102からプログラム又は指示、データ等を読み出して格納する。ストレージ装置102、メモリ装置103及び着脱可能な記憶媒体は、非一時的な記憶媒体（non-transitory storage medium）として総称されてもよい。

【00XX】
　プロセッサ104は、1つ以上のプロセッサコアから構成され得る1つ以上のCPU（Central Processing Unit）、GPU（Graphics Processing Unit）、処理回路（processing circuitry）等によって実現されてもよく、メモリ装置103に格納されたプログラム、指示、当該プログラム若しくは

指示を実行するのに必要なパラメータなどのデータ等に従って、訓練装置100及び推論装置200の各種機能及び処理を実行する。

【00XX】

ユーザインタフェース（UI）装置105は、キーボード、マウス、カメラ、マイクロフォン等の入力装置、ディスプレイ、スピーカー、ヘッドセット、プリンタ等の出力装置、タッチパネル等の入出力装置から構成されてもよく、ユーザと訓練装置100及び推論装置200との間のインタフェースを実現する。例えばユーザは、ディスプレイ又はタッチパネルに表示されたGUI（Graphical User Interface）をキーボード、マウス等を操作し、訓練装置100及び推論装置200を操作してもよい。

【00XX】

通信装置106は、外部装置、インターネット、LAN（Local Area Network）、セルラーネットワーク等の通信ネットワークとの有線及び／又は無線通信処理を実行する各種通信回路により実現される。

【00XX】

しかしながら、上述したハードウエア構成は単なる一例であり、本発明による訓練装置100及び推論装置200は、他のいずれか適切なハードウエア構成により実現されてもよい。

【00XX】

［訓練装置］

次に、本発明の一実施例による訓練装置100を説明する。図3は、本発明の一実施例による訓練装置100の機能構成を示すブロック図である。図3に示されるように、訓練装置100は、取得部110、処理部120及び訓練部130を有する。取得部110、処理部120及び訓練部130の各機能部は、訓練装置100のメモリ装置103に格納されているコンピュータプログラムがプロセッサ104によって実行されることによって実現されてもよい。

【00XX】

取得部110は、訓練画像及びデータ拡張された訓練画像と正解ラベルとを含む訓練データセットを取得する[1]。具体的には、データベースは、

既存の画像から収集された訓練画像と正解ラベルとからなる訓練データと、当該訓練データをデータ拡張することによって生成された訓練画像と正解ラベルとからなるデータ拡張された訓練データとを格納する。取得部110は、データベースから訓練データセットを取得し、取得した訓練画像及び／又はデータ拡張された訓練画像を処理部120に提供し、当該訓練画像及び／又はデータ拡張された訓練画像に対応する正解ラベルを訓練部130に提供する。

・・・・・・・・

【00XX】

ここで、データ拡張は、例えば元の訓練画像に対する拡大・縮小、センタリング、回転、反転、及び／又は輝度変更であってもよい。すなわち、人手等によって収集された訓練画像に対して拡大・縮小、センタリング、回転、反転、及び／又は輝度変更が実行され、これらの処理によって導出された画像がデータ拡張された訓練画像として訓練データセットに追加される。

・・・・・・・・[2]

【00XX】

処理部120は、訓練画像及びデータ拡張された訓練画像を訓練対象の欠陥有無判定モデル30に入力し、訓練対象の欠陥有無判定モデル30から処理結果を取得する[3]。例えば訓練対象の欠陥有無判定モデル30が畳み込みニューラルネットワークモデルとして実現される場合、処理部120は、訓練対象の欠陥有無判定モデル30の入力レイヤに訓練画像及び／又はデータ拡張された訓練画像を入力し、畳み込みレイヤとプーリングレイヤとの複数のペアから構成される中間レイヤを経て、訓練対象の欠陥有無判定モデル30の出力レイヤから処理結果を取得する。

1 　請求項1の「訓練装置」の「訓練画像及びデータ拡張された訓練画像と正解ラベルとを含む訓練データセットを取得する取得部」に対応する文言を記載する。
2 　「取得部」による処理を実施可能な程度に記載する。
3 　「訓練装置」の「前記訓練画像及び前記データ拡張された訓練画像を訓練対象の欠陥有無判定モデルに入力し、前記訓練対象の欠陥有無判定モデルから処理結果を取得する処理部」に対応する文言を記載する。

. . . . [4]

【00XX】
　訓練部130は、正解ラベルと処理結果との間の誤差に基づいて訓練対象の欠陥有無判定モデル30を訓練する[5]。具体的には、訓練部130は、正解ラベルと処理結果との誤差を算出し、算出した誤差が小さくなるように、誤差逆伝播法に従って訓練対象の欠陥有無判定モデル30のパラメータを更新する。

. . . . [6]

【00XX】
　上述した訓練装置100によると、既存の訓練データとともに、当該訓練データから導出されたデータ拡張された訓練データを利用して欠陥有無判定モデル30を訓練することができる。

【00XX】
［訓練方法］
　次に、本発明の一実施例による訓練方法を説明する。図4は、本発明の一実施例による訓練方法を示すフローチャートである。当該訓練方法は、上述した訓練装置100によって実現されてもよい。具体的には、当該訓練方法は、訓練装置100のメモリ装置103に格納されているプログラムがプロセッサ104によって実行されることによって実現されてもよい。

【00XX】
　図4に示されるように、ステップS101において、訓練装置100は、訓練画像及びデータ拡張された訓練画像と正解ラベルとを含む訓練データセットを取得する[7]。

. . . .

【00XX】

4　「処理部」による処理を実施可能な程度に記載する。
5　「訓練装置」の「前記処理結果と前記正解ラベルとの誤差に基づいて前記訓練対象の欠陥有無判定モデルを訓練する訓練部」に対応する文言を記載する。
6　「訓練部」による処理を実施可能な程度に記載する。
7　請求項2の「訓練方法」の「訓練画像及びデータ拡張された訓練画像と正解ラベルとを含む訓練データセットを取得すること」に対応する文言を記載する。

ステップS102において、訓練装置100は、訓練画像及びデータ拡張された訓練画像を訓練対象の欠陥有無判定モデル30に入力する[8]。
・・・・・・・・

【00XX】
ステップS103において、訓練装置100は、訓練対象の欠陥有無判定モデル30から処理結果を取得する[9]。
・・・・・・・・

【00XX】
ステップS104において、訓練装置100は、処理結果と正解ラベルとの誤差を算出する[10]。
・・・・・・・・

【00XX】
ステップS105において、訓練装置100は、算出した誤差に基づいて訓練対象の欠陥有無判定モデル30を訓練する[11]。
・・・・・・・・

【00XX】
ステップS106において、訓練装置100は、終了条件を充足したか判定する。終了条件を充足していない場合(S106:NO)、当該訓練方法は、ステップS102に戻って、上述したステップS102〜S106を繰り返す。他方、終了条件を充足している場合(S106:YES)、当該訓練方法は終了し、最終的に取得された欠陥有無判定モデル30を訓練済み欠陥有無判定モデル30として推論装置200に提供する。
・・・・・・・・

---

8 「訓練方法」の「前記訓練画像及び前記データ拡張された訓練画像を訓練対象の欠陥有無判定モデルに入力し」に対応する文言を記載する。
9 「訓練方法」の「前記訓練対象の欠陥有無判定モデルから処理結果を取得すること」に対応する文言を記載する。
10 「訓練方法」の「前記処理結果と前記正解ラベルとの誤差」に対応する文言を記載する。
11 「訓練方法」の「誤差に基づいて前記訓練対象の欠陥有無判定モデルを訓練すること」に対応する文言を記載する。

【00XX】
　上述した訓練方法によると、既存の訓練データとともに、当該訓練データから導出されたデータ拡張された訓練データを利用して欠陥有無判定モデル30を訓練することができる。

【00XX】
　[推論装置]
　次に、本発明の一実施例による推論装置200を説明する。図5は、本発明の一実施例による推論装置200の機能構成を示すブロック図である。図5に示されるように、推論装置200は、取得部210及び処理部220を有する。取得部210及び処理部220の各機能部は、推論装置200のメモリ装置103に格納されているコンピュータプログラムがプロセッサ104によって実行されることによって実現されてもよい。

【00XX】
　取得部210は、推論対象画像を取得する[12]。具体的には、取得部210は、判定対象の製品の外観を撮像した画像を取得し、取得した画像を処理部220に提供する。
　　　　　・・・・・・・・[13]

【00XX】
　処理部120は、推論対象画像を訓練済み欠陥有無判定モデル30に入力し、訓練済み欠陥有無判定モデル30から推論結果を取得する[14]。具体的には、処理部120は、取得部210から取得した製品の外観を撮像した画像を訓練済み欠陥有無判定モデル30に入力し、当該訓練済み欠陥有無判定モデル30を実行することによって推論結果を取得する。
　　　　　・・・・・・・・[15]

12　請求項4の「推論装置」の「推論対象画像を取得する取得部」に対応する文言を記載する。
13　「取得部」による処理を実施可能な程度に記載する。
14　「推論装置」の「前記訓練画像及び前記データ拡張された訓練画像を訓練対象の欠陥有無判定モデルに入力し、前記訓練対象の欠陥有無判定モデルから処理結果を取得する処理部」に対応する文言を記載する。
15　「処理部」による処理を実施可能な程度に記載する。

【00XX】
　ここでの訓練済み欠陥有無判定モデル30は、推論対象画像を取得することと、推論対象画像に対する推論結果を出力することとをコンピュータに実行させ、訓練画像及びデータ拡張された訓練画像に対する訓練対象の欠陥有無判定モデル30の処理結果と正解ラベルとの誤差に基づいて訓練されている。
　　　　　・・・・・・・・[16]

【00XX】
　上述した推論装置200によると、既存の訓練データとともに、当該訓練データから導出されたデータ拡張された訓練データによって訓練された訓練済み欠陥有無判定モデル30を利用して、製品の欠陥の有無を示す判定結果を取得することができる。

【00XX】
［推論方法］
　次に、本発明の一実施例による推論方法を説明する。図6は、本発明の一実施例による推論方法を示すフローチャートである。当該推論方法は、上述した推論装置200によって実現されてもよい。具体的には、当該推論方法は、推論装置200のメモリ装置103に格納されているプログラムがプロセッサ104によって実行されることによって実現されてもよい。

【00XX】
　図6に示されるように、ステップS201において、推論装置200は、推論対象画像を取得する[17]。
　　　　　・・・・・・・・

【00XX】
　ステップS202において、推論装置200は、訓練済み欠陥有無判定

---

[16] 「欠陥有無判定モデル」に対応する文言を記載するとともに、「訓練済み欠陥有無判定モデル」の処理を実施可能な程度に記載する。
[17] 請求項5の「推論方法」の「推論対象画像を取得すること」に対応する文言を記載する。

モデル30に推論対象画像を入力する[18]。

・・・・・・・・

【00XX】
ステップS203において、推論装置200は、訓練済み欠陥有無判定モデル30から推論結果を取得する[19]。

・・・・・・・・

【00XX】
上述した推論方法によると、既存の訓練データとともに、当該訓練データから導出されたデータ拡張された訓練データによって訓練された訓練済み欠陥有無判定モデル30を利用して、製品の欠陥の有無を示す判定結果を取得することができる。

【00XX】
以上、本開示の実施例について詳述したが、本開示は上述した特定の実施形態に限定されるものではなく、特許請求の範囲に記載された本開示の要旨の範囲内において、種々の変形・変更が可能である。

【符号の説明】

【00XX】
20　　データベース
30　　欠陥有無判定モデル
100　　訓練装置
110　　取得部
120　　処理部
130　　訓練部
200　　推論装置
210　　取得部
220　　処理部

---

18 「推論方法」の「前記推論対象画像を訓練済み欠陥有無判定モデルに入力し」に対応する文言を記載する。
19 「推論方法」の「前記訓練済み欠陥有無判定モデルから推論結果を取得すること」に対応する文言を記載する。

【書類名】特許請求の範囲
【請求項１】
　訓練画像及びデータ拡張された訓練画像と正解ラベルとを含む訓練データセットを取得する取得部と、
　前記訓練画像及び前記データ拡張された訓練画像を訓練対象の欠陥有無判定モデルに入力し、前記訓練対象の欠陥有無判定モデルから処理結果を取得する処理部と、
　前記処理結果と前記正解ラベルとの誤差に基づいて前記訓練対象の欠陥有無判定モデルを訓練する訓練部と、
　を有する、訓練装置。
【請求項２】
　訓練画像及びデータ拡張された訓練画像と正解ラベルとを含む訓練データセットを取得することと、
　前記訓練画像及び前記データ拡張された訓練画像を訓練対象の欠陥有無判定モデルに入力し、前記訓練対象の欠陥有無判定モデルから処理結果を取得することと、
　前記処理結果と前記正解ラベルとの誤差に基づいて前記訓練対象の欠陥有無判定モデルを訓練することと、
　をコンピュータが実行する、訓練方法。
【請求項３】
　訓練画像及びデータ拡張された訓練画像と正解ラベルとを含む訓練データセットを取得することと、
　前記訓練画像及び前記データ拡張された訓練画像を訓練対象の欠陥有無判定モデルに入力し、前記訓練対象の欠陥有無判定モデルから処理結果を取得することと、
　前記処理結果と前記正解ラベルとの誤差に基づいて前記訓練対象の欠陥有無判定モデルを訓練することと、
　をコンピュータに実行させる、訓練プログラム。
【請求項４】
　推論対象画像を取得する取得部と、

前記推論対象画像を訓練済み欠陥有無判定モデルに入力し、前記訓練済み欠陥有無判定モデルから推論結果を取得する処理部と、

を有し、

前記訓練済み欠陥有無判定モデルは、訓練画像及びデータ拡張された訓練画像に対する訓練対象の欠陥有無判定モデルの処理結果と正解ラベルとの誤差に基づいて訓練されている、推論装置。

【請求項5】

推論対象画像を取得することと、

前記推論対象画像を訓練済み欠陥有無判定モデルに入力し、前記訓練済み欠陥有無判定モデルから推論結果を取得することと、

をコンピュータが実行し、

前記訓練済み欠陥有無判定モデルは、訓練画像及びデータ拡張された訓練画像に対する訓練対象の欠陥有無判定モデルの処理結果と正解ラベルとの誤差に基づいて訓練されている、推論方法。

【請求項6】

推論対象画像を取得することと、

前記推論対象画像を訓練済み欠陥有無判定モデルに入力し、前記訓練済み欠陥有無判定モデルから推論結果を取得することと、

をコンピュータに実行させ、

前記訓練済み欠陥有無判定モデルは、訓練画像及びデータ拡張された訓練画像に対する訓練対象の欠陥有無判定モデルの処理結果と正解ラベルとの誤差に基づいて訓練されている、推論プログラム。

【請求項7】

推論対象画像を取得することと、

前記推論対象画像に対する推論結果を出力することと、

をコンピュータに実行させる欠陥有無判定モデルであって、

前記欠陥有無判定モデルは、訓練画像及びデータ拡張された訓練画像に対する訓練対象の欠陥有無判定モデルの処理結果と正解ラベルとの誤差に基づいて訓練されている、欠陥有無判定モデル。

【書類名】要約書
【要約】
【課題】少数の訓練データから機械学習モデルを訓練するための技術を提供することである。
【解決手段】本発明の一態様は、訓練画像及びデータ拡張された訓練画像と正解ラベルとを含む訓練データセットを取得する取得部と、前記訓練画像及び前記データ拡張された訓練画像を訓練対象の欠陥有無判定モデルに入力し、前記訓練対象の欠陥有無判定モデルから処理結果を取得する処理部と、前記処理結果と前記正解ラベルとの誤差に基づいて前記訓練対象の欠陥有無判定モデルを訓練する訓練部と、を有する、訓練装置に関する。
【選択図】図1

第8章 類型Ⅳ データ拡張に関する発明

【図1】

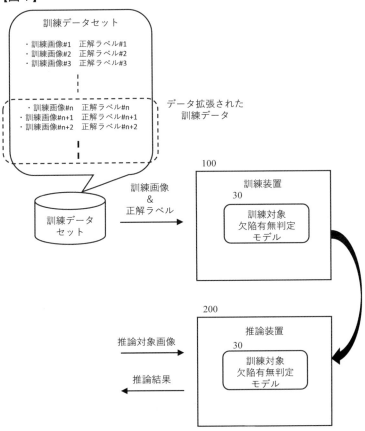

【図2】第3章 p.81の【図2】と同一につき省略
【図3】第3章 p.81の【図3】と同一につき省略

【図4】

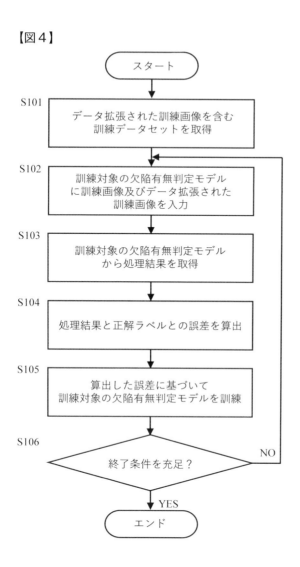

【図5】第3章 p.82の【図5】と同一につき省略

第8章 類型Ⅳ データ拡張に関する発明

【図6】

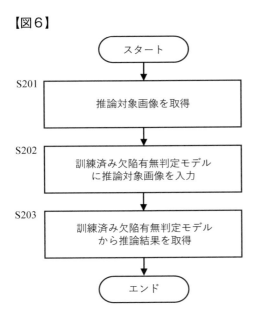

第9章
類型V
モデルアーキテクチャに関する発明

1. モデルアーキテクチャに関する発明とは

　上述した類型Ⅰから類型Ⅳにおいては、訓練対象の機械学習モデル及び訓練済み機械学習モデルは、特定のタイプの機械学習モデルに限定されず、昨今注目されている深層学習モデルだけでなく、決定木やサポートベクタマシンなどの任意のタイプの機械学習モデルを包括していた。

　訓練処理に関する発明では、出願対象の訓練アルゴリズムなどに従ってこのような任意のタイプの機械学習モデルが訓練・生成される。また、推論処理に関する発明では、任意のタイプの訓練済み機械学習モデルを利用して推論対象データに対して推論処理が実行される。

　一方、近年の研究開発が著しい深層学習の分野において、画像処理における畳み込みニューラルネットワークと、言語処理におけるトランスフォーマーとが特に注目されてきた。これらの新たな深層学習モデルの出現によってAI技術が大きく進化したことはよく知られている。例えば畳み込みニューラルネットワークは、畳み込みレイヤとプーリングレイヤとから構成され、トランスフォーマーは、Multi-Head Attention 機構[1]と位置エンコーダ[2]とから構成される。このように、これらの深層学習モデルは、モデル構造、すなわち、モデルアーキテクチャに特徴がある。

　本章では、モデルアーキテクチャに関する発明について、どのようなクレームを記載することが適切であるか、また、どのような実施例を記載することが適切であるか説明する。

1 　複数の Attention 機構を並列に適して、複数の観点から関係性を学習するための機構である。
2 　トークンの順序情報を考慮するための位置エンコーディングを実現する。

2. モデルアーキテクチャに関する発明のクレームの書き方

(1) 基本的な考え方

　モデルアーキテクチャに関する発明のクレームでは、まず、機械学習モデル自体のクレームを記載することを検討してもよい。すなわち、モデルアーキテクチャに関する発明は、モデル構造、すなわち、モデルアーキテクチャに特徴を有するため、まずは当該モデルアーキテクチャを備えた機械学習モデル自体のクレームを記載することに意義があると考える。

　また、出願対象のモデルアーキテクチャを備えた訓練対象の機械学習モデルの訓練処理と、訓練済み機械学習モデルを利用した推論処理との権利化を図る場合には、当該モデルアーキテクチャを備えた訓練対象の機械学習モデルを訓練・生成する訓練装置等の訓練処理に関するクレームと、訓練済み機械学習モデルを利用した推論装置等の推論処理に関するクレームとを記載することを検討してもよいと考える。

(2) モデルアーキテクチャに関する発明のクレーム

　モデルアーキテクチャに関する発明は、機械学習モデル自体のクレームをまず検討し、訓練装置、訓練方法、訓練プログラム、推論装置、推論方法、推論プログラムなどのクレームを更に記載することを検討してもよいと考える。

　モデルアーキテクチャに関する発明の機械学習モデル自体のクレームは、出願対象のモデルアーキテクチャを備えた訓練済み機械学習モデルを記載したものである。

　ここで、訓練対象の機械学習モデルのクレームでなく、訓練済み機械学習モデルを機械学習モデル自体のクレームとして記載するのは、実際に権利行使の対象となるのは訓練中の機械学習モデルでなく、第三者による実施中の機械学習モデルとなるケースがほとんどであると考えられるためである。

　したがって、モデルアーキテクチャに関する発明の機械学習モデルは、典型的には、以下のように記載することができると考える。

【機械学習モデル】
　ⅰ）推論対象データを取得することと、
　ⅱ）前記推論対象データに対する推論結果を出力することと、
　をコンピュータに実行させる機械学習モデルであって、
　ⅲ）<u>前記機械学習モデルは、モデルアーキテクチャを有する</u>、機械学習モデル。

　発明特定事項ⅰ）及びⅱ）は、訓練済み機械学習モデルの推論処理に関するものである。すなわち、機械学習モデルが推論対象データを入力として受け付けると、推論結果を出力するプログラムであることを記載している。そして、発明特定事項ⅲ）は、機械学習モデルがどのようなモデルアーキテクチャを備えているかを記載している。すなわち、機械学習モデル自体のクレームでは、発明特定事項ⅲ）が特徴部分となる。

　ここに記載した機械学習モデルは、第3章で記載した機械学習モデルの汎用的なクレーム構成において、発明特定事項ⅲ）の機械学習モデルが出願対象のモデルアーキテクチャを備えることを記載している点に留意されたい。

　例えば機械学習モデルが畳み込みレイヤとプーリングレイヤとを交互に備えた畳み込みニューラルネットワークから構成される場合、発明特定事項ⅲ）の「前記機械学習モデルは、モデルアーキテクチャを有する」は、以下のように記載することができる。

【機械学習モデル】
　ⅰ）推論対象データを取得することと、
　ⅱ）前記推論対象データに対する推論結果を出力することと、
　をコンピュータに実行させる機械学習モデルであって、
　ⅲ）前記機械学習モデルは、畳み込みレイヤとプーリングレイヤとを交互に備える畳み込みニューラルネットワークから構成される、機械学習モデル。

第9章 類型Ⅴ モデルアーキテクチャに関する発明

一方、このようなモデルアーキテクチャに関する発明の訓練装置は、典型的には、以下のように記載することができると考える。

【訓練装置】
ⅰ）訓練データと正解ラベルとを含む訓練データセットを取得する取得部と、
ⅱ）前記訓練データを訓練対象モデルに入力し、前記訓練対象モデルから処理結果を取得する処理部と、
ⅲ）前記処理結果と前記正解ラベルとの誤差に基づいて前記訓練対象モデルを訓練する訓練部と、
を有し、
ⅳ）<u>前記訓練対象モデルは、モデルアーキテクチャを有する</u>、訓練装置。

すなわち、発明特定事項ⅰ）～ⅲ）は、類型Ⅰ及び類型Ⅱにおける訓練装置の発明特定事項ⅰ）～ⅲ）と同様である。そして、発明特定事項ⅳ）において出願対象のモデルアーキテクチャを記載することになる。

ここに記載した訓練装置は、第3章において記載した訓練装置の汎用的なクレーム構成において、発明特定事項ⅳ）の訓練対象モデルが出願対象のモデルアーキテクチャを備えることを記載している点に留意されたい。

また、モデルアーキテクチャに関する発明の推論装置は、典型的には、以下のように記載することができると考える。

【推論装置】
ⅰ）推論対象データを取得する取得部と、
ⅱ）前記推論対象データを訓練済みモデルに入力し、前記訓練済みモデルから推論結果を取得する処理部と、
を有し、
ⅲ）<u>前記訓練済みモデルは、モデルアーキテクチャを有する</u>、推論装置。

すなわち、訓練装置と同様に、訓練済みモデルのモデルアーキテクチャが記載される。
　ここに記載した推論装置は、第3章において記載した推論装置の汎用的なクレーム構成において、発明特定事項ⅲ）の訓練済みモデルが出願対象のモデルアーキテクチャを備えることを記載している点に留意されたい。

第9章 類型Ⅴ モデルアーキテクチャに関する発明

3．モデルアーキテクチャに関する発明の実施例の書き方

（1）基本的な考え方

　モデルアーキテクチャに関する発明の実施例では、出願対象の機械学習モデルのモデルアーキテクチャの具体的な構成を主として説明する。例えば機械学習モデルがどのようなレイヤから構成されるか、公知のモデルアーキテクチャに対してどのような新規なレイヤが追加されているかなどを説明する。

　また、出願対象の機械学習モデルのモデルアーキテクチャを説明するだけでなく、当該モデルアーキテクチャを備えた訓練対象の機械学習モデルを訓練・生成する訓練処理に関する実施例と、訓練済み機械学習モデルを利用した推論処理に関する実施例とを明細書に記載する。訓練処理に関する実施例と推論処理に関する実施例とは、上述した類型Ⅰの訓練処理に関する発明の実施例と、類型Ⅱの推論処理に関する発明の実施例と実質的に同様である。

　すなわち、モデルアーキテクチャに関する発明の実施例では、「機械学習モデルがどのようなモデルアーキテクチャを備えているかを記載するとともに、訓練対象の機械学習モデルを訓練する訓練処理に関する実施例と、訓練済み機械学習モデルを利用した推論処理に関する実施例とを『分けて』記載する」という基本的な考え方が適用され得る。

（2）モデルアーキテクチャに関する発明の実施例における留意点

　モデルアーキテクチャに関する発明の実施例では、まずは当該モデルアーキテクチャを備えた機械学習モデル、具体的には機械学習モデルのモデルアーキテクチャを説明する。例えばモデルアーキテクチャのレイヤ構成を示す図を用いて、モデルアーキテクチャがどのようなレイヤから構成されるか、各レイヤがどのような動作・機能を実現するかなどを説明する。

　また、当該モデルアーキテクチャが既知のモデルアーキテクチャにいずれかのレイヤを追加したり、いずれかのレイヤを新たなレイヤに置換したり、レイヤ間の接続関係を変更したりする場合、既知のモデルアーキテクチャに対する変更部分を主として説明する。

図　モデルアーキテクチャに関する発明（第4章の図9〈p.97〉を再掲）

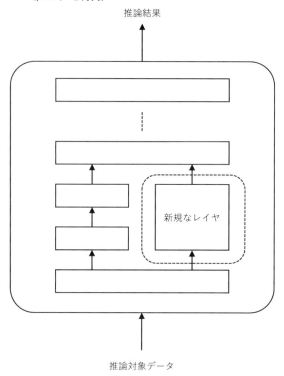

　このようなモデルアーキテクチャに関する発明は、学術論文等によって発表される論文発明であることが多い。第5章の類型Ⅰの訓練処理に関する発明の論文発明においても述べたように、モデルアーキテクチャに関する発明もまた、記号や数式等によって抽象化された形態で記述されることが一般的である。

　このため、出願対象のモデルアーキテクチャをそのまま明細書に記載するだけでは十分とはいえず、当該モデルアーキテクチャに関する発明が特定のタスクに適用された場合の処理手順等を実施例として明細書に記載する必要があると考える。

第9章 類型Ⅴ モデルアーキテクチャに関する発明

　このように、モデルアーキテクチャに関する発明の実施例では、出願対象のモデルアーキテクチャの構成だけでなく、当該モデルアーキテクチャに関する発明が適用されるタスクを想定して、当該タスクに関する実施例を用いてモデルアーキテクチャに関する発明を明細書・図面に記載することになる。

　すなわち、当該モデルアーキテクチャを備えた訓練対象の機械学習モデルをどのように訓練・生成するかについて、訓練処理に関する実施例を説明し、更に当該モデルアーキテクチャを備えた訓練済み機械学習モデルを利用した推論処理に関する実施例を説明する。

4．モデルアーキテクチャに関する発明の仮想事例に対する特許明細書

　モデルアーキテクチャに関する発明の仮想事例として、畳み込みニューラルネットワークを考える。すなわち、モデルアーキテクチャは、畳み込みレイヤとプーリングレイヤとを交互に備える畳み込みニューラルネットワークから構成される。ここでは、以下のようなモデルアーキテクチャに関する機械学習モデル、訓練装置及び訓練方法のクレームを記載する。

【機械学習モデル】
　ⅰ）推論対象画像を取得することと、
　ⅱ）前記推論対象画像に対する推論結果を出力することと、
　をコンピュータに実行させる機械学習モデルであって、
　ⅲ）前記機械学習モデルは、畳み込みレイヤとプーリングレイヤとを交互に備える畳み込みニューラルネットワークから構成される、機械学習モデル。

【訓練装置】
　ⅰ）訓練画像と正解ラベルとを含む訓練データセットを取得する取得部と、
　ⅱ）前記訓練画像を訓練対象モデルに入力し、前記訓練対象モデルから処理結果を取得する処理部と、
　ⅲ）前記処理結果と前記正解ラベルとの誤差に基づいて前記訓練対象モデルを訓練する訓練部と、
　を有し、
　ⅳ）前記訓練対象モデルは、畳み込みレイヤとプーリングレイヤとを交互に備える畳み込みニューラルネットワークから構成される、訓練装置。

【推論装置】
i）推論対象画像を取得する取得部と、
ii）前記推論対象画像を訓練済みモデルに入力し、前記訓練済みモデルから推論結果を取得する処理部と、
を有し、
iii）前記訓練済みモデルは、畳み込みレイヤとプーリングレイヤとを交互に備える畳み込みニューラルネットワークから構成される、
推論装置。

この場合、出願対象の発明に以下のような明細書・図面を記載できる。

【書類名】明細書
【発明の名称】機械学習モデル、訓練装置、訓練方法、訓練プログラム、推論装置、推論方法及び推論プログラム
【技術分野】
　【0001】
　本発明は、機械学習モデル、訓練装置、訓練方法、訓練プログラム、推論装置、推論方法及び推論プログラムに関する。
【背景技術】
　【0002】
　昨今の深層学習技術の進化によって、画像を処理するための各種機械学習技術が研究開発されてきた。
　　　　・・・・・・・・
　【先行技術文献】
　【特許文献】
　　【00XX】
　　【特許文献1】特開20XX-123456号公報
【発明の概要】
【発明が解決しようとする課題】

【00XX】
　本発明の課題は、画像処理に適した新規な機械学習モデルを提供することである。
【課題を解決するための手段】
【00XX】
　本発明の一態様は、推論対象画像を取得することと、前記推論対象画像に対する推論結果を出力することと、をコンピュータに実行させる機械学習モデルであって、前記機械学習モデルは、畳み込みレイヤとプーリングレイヤとを交互に備える畳み込みニューラルネットワークから構成される、機械学習モデルに関する。

【00XX】
　本発明の他の態様は、訓練画像と正解ラベルとを含む訓練データセットを取得する取得部と、前記訓練画像を訓練対象モデルに入力し、前記訓練対象モデルから処理結果を取得する処理部と、前記処理結果と前記正解ラベルとの誤差に基づいて前記訓練対象モデルを訓練する訓練部と、を有し、前記訓練対象モデルは、畳み込みレイヤとプーリングレイヤとを交互に備える畳み込みニューラルネットワークから構成される、訓練装置に関する。

【00XX】
　本発明の更なる他の態様は、推論対象画像を取得する取得部と、前記推論対象画像を訓練済みモデルに入力し、前記訓練済みモデルから推論結果を取得する処理部と、を有し、前記訓練済みモデルは、畳み込みレイヤとプーリングレイヤとを交互に備える畳み込みニューラルネットワークから構成される、推論装置に関する。
【発明の効果】
【00XX】
　本発明によると、画像処理に適した新規な機械学習モデルを提供することができる。
【図面の簡単な説明】
【00XX】
【図１】本発明の一実施例による画像処理モデルの構成を示す概略図で

ある。

【図2】本発明の一実施例による訓練装置及び推論装置のハードウエア構成を示すブロック図である。

【図3】本発明の一実施例による訓練装置の機能構成を示すブロック図である。

【図4】本発明の一実施例による訓練方法を示すフローチャートである。

【図5】本発明の一実施例による推論装置の機能構成を示すブロック図である。

【図6】本発明の一実施例による推論方法を示すフローチャートである。

【発明を実施するための形態】

【00XX】

以下、図面を参照して本開示の実施の形態を説明する。

【00XX】

[画像処理モデル]

以下の実施例によると、訓練済み画像処理モデル30は、図1に示されるように、推論対象画像を入力として受け付け、推論結果を出力する。訓練済み画像処理モデル30は、畳み込みレイヤ31_1、31_2、…、31_Nと、プーリングレイヤ32_1、32_2、…、32_Nとを有し、図示されるように、畳み込みレイヤ31_iとプーリングレイヤ32_iとが交互に繰り返される[1]。

【00XX】

訓練装置100は、図示されるようなモデルアーキテクチャから構成される訓練対象の画像処理モデル30を訓練・生成する。具体的には、データベースから訓練データセットを受け付けると、訓練装置100は、訓練対象の画像処理モデル30に訓練画像を入力し、訓練対象の画像処理モデル30から入力された訓練画像に対する処理結果を取得する。そして、訓

---

[1] 請求項1の「機械学習モデル」の「前記機械学習モデルは、畳み込みレイヤとプーリングレイヤとを交互に備える畳み込みニューラルネットワークから構成される」に対応する文言を記載する。

練装置100は、入力した訓練画像に対応する正解ラベルと処理結果との誤差を算出し、当該誤差に基づいて訓練対象の画像処理モデル30のパラメータを調整する。また、推論装置200は、このように訓練された訓練済み画像処理モデル30を利用して、推論対象画像から推論結果を出力することができる。

【00XX】
本実施例によると、画像処理モデル30は、畳み込みレイヤ31_1、31_2、…、31_Nと、プーリングレイヤ32_1、32_2、…、32_Nとを交互に備える畳み込みニューラルネットワークによって実現され、推論対象画像に対して高精度な推論を行うことができる。

【00XX】
ここで、訓練装置100及び推論装置200はそれぞれ、サーバ、パーソナルコンピュータ（PC）、スマートフォン、タブレット等の計算装置によって実現されてもよく、例えば図2に示されるようなハードウエア構成を有してもよい。すなわち、訓練装置100及び推論装置200はそれぞれ、バスBを介し相互接続されるドライブ装置101、ストレージ装置102、メモリ装置103、プロセッサ104、ユーザインタフェース（UI）装置105及び通信装置106を有する。

【00XX】
訓練装置100及び推論装置200における各種機能及び処理を実現するプログラム又は指示は、CD-ROM（Compact Disk-Read Only Memory）、フラッシュメモリ等の着脱可能な記憶媒体に格納されてもよい。当該記憶媒体がドライブ装置101にセットされると、プログラム又は指示が記憶媒体からドライブ装置101を介しストレージ装置102又はメモリ装置103にインストールされる。ただし、プログラム又は指示は、必ずしも記憶媒体からインストールされる必要はなく、ネットワークなどを介しいずれかの外部装置からダウンロードされてもよい。

【00XX】
ストレージ装置102は、ハードディスクドライブなどによって実現され、インストールされたプログラム又は指示とともに、プログラム又は指

示の実行に用いられるファイル、データ等を格納する。

【00XX】

メモリ装置 103 は、ランダムアクセスメモリ、スタティックメモリ等によって実現され、プログラム又は指示が起動されると、ストレージ装置 102 からプログラム又は指示、データ等を読み出して格納する。ストレージ装置 102、メモリ装置 103 及び着脱可能な記憶媒体は、非一時的な記憶媒体 (non-transitory storage medium) として総称されてもよい。

【00XX】

プロセッサ 104 は、1つ以上のプロセッサコアから構成され得る1つ以上の CPU (Central Processing Unit)、GPU (Graphics Processing Unit)、処理回路 (processing circuitry) 等によって実現されてもよく、メモリ装置 103 に格納されたプログラム、指示、当該プログラム若しくは指示を実行するのに必要なパラメータなどのデータ等に従って、訓練装置 100 及び推論装置 200 の各種機能及び処理を実行する。

【00XX】

ユーザインタフェース (UI) 装置 105 は、キーボード、マウス、カメラ、マイクロフォン等の入力装置、ディスプレイ、スピーカー、ヘッドセット、プリンタ等の出力装置、タッチパネル等の入出力装置から構成されてもよく、ユーザと訓練装置 100 及び推論装置 200 との間のインタフェースを実現する。例えばユーザは、ディスプレイ又はタッチパネルに表示された GUI (Graphical User Interface) をキーボード、マウス等を操作し、訓練装置 100 及び推論装置 200 を操作してもよい。

【00XX】

通信装置 106 は、外部装置、インターネット、LAN (Local Area Network)、セルラーネットワーク等の通信ネットワークとの有線及び／又は無線通信処理を実行する各種通信回路により実現される。

【00XX】

しかしながら、上述したハードウエア構成は単なる一例であり、本発明による訓練装置 100 及び推論装置 200 は、他のいずれか適切なハードウエア構成により実現されてもよい。

【00XX】
［訓練装置］
次に、本発明の一実施例による訓練装置100を説明する。図3は、本発明の一実施例による訓練装置100の機能構成を示すブロック図である。図3に示されるように、訓練装置100は、取得部110、処理部120及び訓練部130を有する。取得部110、処理部120及び訓練部130の各機能部は、訓練装置100のメモリ装置103に格納されているコンピュータプログラムがプロセッサ104によって実行されることによって実現されてもよい。

【00XX】
取得部110は、訓練画像と正解ラベルとを含む訓練データセットを取得する[2]。具体的には、取得部110は、データベースから訓練データセットを取得し、取得した訓練画像を処理部120に提供し、当該訓練画像に対応する正解ラベルを訓練部130に提供する。
・・・・・・・・[3]

【00XX】
処理部120は、訓練画像を訓練対象の画像処理モデル30に入力し、訓練対象の画像処理モデル30から処理結果を取得する[4]。具体的には、処理部120は、訓練対象の画像処理モデル30の入力レイヤに訓練画像を入力し、畳み込みレイヤとプーリングレイヤとの複数のペアから構成される中間レイヤを経て、訓練対象の画像処理モデル30の出力レイヤから処理結果を取得する。
・・・・・・・・[5]

【00XX】

---

2 請求項2の「訓練装置」の「訓練画像と正解ラベルとを含む訓練データセットを取得する取得部」に対応する文言を記載する。
3 「取得部」による処理を実施可能な程度に記載する。
4 「訓練装置」の「前記訓練画像を訓練対象モデルに入力し、前記訓練対象モデルから処理結果を取得する処理部」に対応する文言を記載する。
5 「処理部」による処理を実施可能な程度に記載する。

訓練部130は、正解ラベルと処理結果との誤差に基づいて訓練対象の画像処理モデル30を訓練する[6]。具体的には、訓練部130は、正解ラベルと処理結果との誤差を算出し、算出した誤差に基づいて誤差逆伝播法に従って訓練対象の画像処理モデル30のパラメータを更新する。

・・・・・・・・[7]

【00XX】
上述した訓練装置100によると、畳み込みレイヤ31_iとプーリングレイヤ32_iとを交互に備える畳み込みニューラルネットワークとして実現される画像処理モデル30を生成することができる。

【00XX】
[訓練方法]
次に、本発明の一実施例による訓練方法を説明する。図4は、本発明の一実施例による訓練方法を示すフローチャートである。当該訓練方法は、上述した訓練装置100によって実現されてもよい。具体的には、当該訓練方法は、訓練装置100のメモリ装置103に格納されているプログラムがプロセッサ104によって実行されることによって実現されてもよい。

【00XX】
図4に示されるように、ステップS101において、訓練装置100は、訓練画像と正解ラベルとを含む訓練データセットを取得する[8]。

・・・・・・・・

【00XX】
ステップS102において、訓練装置100は、訓練対象の画像処理モデル30に訓練画像を入力する[9]。ここで、訓練対象の画像処理モデル

---

6 「訓練装置」の「前記処理結果と前記正解ラベルとの誤差に基づいて前記訓練対象モデルを訓練する訓練部」に対応する文言を記載する。
7 「訓練部」による処理を実施可能な程度に記載する。
8 請求項3の「訓練方法」の「訓練画像と正解ラベルとを含む訓練データセットを取得すること」に対応する文言を記載する。
9 「訓練方法」の「前記訓練画像を訓練対象モデルに入力し」に対応する文言を記載する。

30は、畳み込みレイヤ31_iとプーリングレイヤ32_iとを交互に備える畳み込みニューラルネットワークとして実現される[10]。

・・・・・・・・・

【00XX】

ステップS103において、訓練装置100は、訓練対象の画像処理モデル30から処理結果を取得する[11]。

・・・・・・・・・

【00XX】

ステップS104において、訓練装置100は、処理結果と正解ラベルとの誤差を算出する[12]。

・・・・・・・・・

【00XX】

ステップS105において、訓練装置100は、算出した誤差に基づいて訓練対象の画像処理モデル30を訓練する[13]。

・・・・・・・・・

【00XX】

ステップS106において、訓練装置100は、終了条件を充足したか判定する。終了条件を充足していない場合（S106：NO）、当該訓練方法は、ステップS102に戻って、上述したステップS102〜S106を繰り返す。他方、終了条件を充足している場合（S106：YES）、当該訓練方法は終了し、最終的に取得された画像処理モデル30を訓練済み画像処理モデル30として推論装置200に提供する。

---

10 「訓練方法」の「前記訓練対象モデルは、畳み込みレイヤとプーリングレイヤとを交互に備える畳み込みニューラルネットワークから構成される」に対応する文言を記載する。
11 「訓練方法」の「前記訓練済みモデルから推論結果を取得すること」に対応する文言を記載する。
12 「訓練方法」の「前記処理結果と前記正解ラベルとの誤差」に対応する文言を記載する。
13 「訓練方法」の「誤差に基づいて前記訓練対象モデルを訓練すること」に対応する文言を記載する。

【00XX】
上述した訓練方法によると、畳み込みレイヤ31_iとプーリングレイヤ32_iとを交互に備える畳み込みニューラルネットワークとして実現される画像処理モデル30を生成することができる。

【00XX】
[推論装置]
次に、本発明の一実施例による推論装置200を説明する。図5は、本発明の一実施例による推論装置200の機能構成を示すブロック図である。図5に示されるように、推論装置200は、取得部210及び処理部220を有する。取得部210及び処理部220の各機能部は、推論装置200のメモリ装置103に格納されているコンピュータプログラムがプロセッサ104によって実行されることによって実現されてもよい。

【00XX】
取得部210は、推論対象画像を取得する[14]。具体的には、取得部210は、推論対象画像を取得し、取得した推論対象画像を処理部220に提供する。

・・・・・・・・・[15]

【00XX】
処理部220は、推論対象画像を訓練済み画像処理モデル30に入力し、訓練済み画像処理モデル30から推論結果を取得する[16]。具体的には、処理部220は、取得部210から取得した推論対象画像を訓練済み画像処理モデル30に入力し、当該訓練済み画像処理モデル30を実行することによって処理結果を取得する。

・・・・・・・・・[17]

---

14 請求項5の「推論装置」の「推論対象画像を取得する取得部」に対応する文言を記載する。
15 「取得部」による処理を実施可能な程度に記載する。
16 「推論装置」の「前記推論対象画像を訓練済みモデルに入力し、前記訓練済みモデルから推論結果を取得する処理部」に対応する文言を記載する。
17 「処理部」による処理を実施可能な程度に記載する。

【00XX】
　ここでの訓練済み画像処理モデル30は、推論対象画像を取得することと、推論対象画像に対する推論結果を出力することと、をコンピュータに実行させる機械学習モデルであり、畳み込みレイヤとプーリングレイヤとを交互に備える畳み込みニューラルネットワークから構成される[18]。

・・・・・・・・・

【00XX】
　上述した推論装置200によると、推論対象画像から推論結果を取得するよう訓練された訓練済み画像処理モデル30を利用して、処理結果を取得することができる。

【00XX】
［推論方法］
　次に、本発明の一実施例による推論方法を説明する。図6は、本発明の一実施例による推論方法を示すフローチャートである。当該推論方法は、上述した推論装置200によって実現されてもよい。具体的には、当該推論方法は、推論装置200のメモリ装置103に格納されているプログラムがプロセッサ104によって実行されることによって実現されてもよい。

【00XX】
　図6に示されるように、ステップS201において、推論装置200は、推論対象画像を取得する[19]。

・・・・・・・・・

【00XX】
　ステップS202において、推論装置200は、推論対象画像を訓練済み画像処理モデル30に入力する[20]。

18　「推論装置」の「前記訓練済みモデルは、畳み込みレイヤとプーリングレイヤとを交互に備える畳み込みニューラルネットワークから構成される」に対応する文言を記載する。
19　請求項6の「推論方法」の「推論対象画像を取得すること」に対応する文言を記載する。
20　「推論方法」の「前記推論対象画像を訓練済みモデルに入力し」に対応する文言を記載する。

第9章　類型Ⅴ　モデルアーキテクチャに関する発明

・・・・・・・・・

【00XX】
ステップS203において、推論装置200は、訓練済み画像処理モデル30から推論結果を取得する[21]。

・・・・・・・・・

【00XX】
上述した推論方法によると、推論対象画像から推論結果を取得するよう訓練された訓練済み画像処理モデル30を利用して、処理結果を取得することができる。

【00XX】
以上、本開示の実施例について詳述したが、本開示は上述した特定の実施形態に限定されるものではなく、特許請求の範囲に記載された本開示の要旨の範囲内において、種々の変形・変更が可能である。

【符号の説明】
【00XX】
　20　　データベース
　30　　画像処理モデル
　100　訓練装置
　110　取得部
　120　処理部
　130　訓練部
　200　推論装置
　210　取得部
　220　処理部

【書類名】特許請求の範囲
【請求項1】

21　「推論方法」の「前記訓練済みモデルから推論結果を取得すること」に対応する文言を記載する。

253

推論対象画像を取得することと、

前記推論対象画像に対する推論結果を出力することと、

をコンピュータに実行させる機械学習モデルであって、

前記機械学習モデルは、畳み込みレイヤとプーリングレイヤとを交互に備える畳み込みニューラルネットワークから構成される、機械学習モデル。

【請求項2】

訓練画像と正解ラベルとを含む訓練データセットを取得する取得部と、

前記訓練画像を訓練対象モデルに入力し、前記訓練対象モデルから処理結果を取得する処理部と、

前記処理結果と前記正解ラベルとの誤差に基づいて前記訓練対象モデルを訓練する訓練部と、

を有し、

前記訓練対象モデルは、畳み込みレイヤとプーリングレイヤとを交互に備える畳み込みニューラルネットワークから構成される、訓練装置。

【請求項3】

訓練画像と正解ラベルとを含む訓練データセットを取得することと、

前記訓練画像を訓練対象モデルに入力し、前記訓練対象モデルから処理結果を取得することと、

前記処理結果と前記正解ラベルとの誤差に基づいて前記訓練対象モデルを訓練することと、

を有し、

前記訓練対象モデルは、畳み込みレイヤとプーリングレイヤとを交互に備える畳み込みニューラルネットワークから構成される、コンピュータが実行する訓練方法。

【請求項4】

訓練画像と正解ラベルとを含む訓練データセットを取得することと、

前記訓練画像を訓練対象モデルに入力し、前記訓練対象モデルから処理結果を取得することと、

前記処理結果と前記正解ラベルとの誤差に基づいて前記訓練対象モデルを訓練することと、

第9章 類型V モデルアーキテクチャに関する発明

をコンピュータに実行させ、

前記訓練対象モデルは、畳み込みレイヤとプーリングレイヤとを交互に備える畳み込みニューラルネットワークから構成される、訓練プログラム。

【請求項5】

推論対象画像を取得する取得部と、

前記推論対象画像を訓練済みモデルに入力し、前記訓練済みモデルから推論結果を取得する処理部と、

を有し、

前記訓練済みモデルは、畳み込みレイヤとプーリングレイヤとを交互に備える畳み込みニューラルネットワークから構成される、推論装置。

【請求項6】

推論対象画像を取得することと、

前記推論対象画像を訓練済みモデルに入力し、前記訓練済みモデルから推論結果を取得することと、

を有し、

前記訓練済みモデルは、畳み込みレイヤとプーリングレイヤとを交互に備える畳み込みニューラルネットワークから構成される、コンピュータが実行する推論方法。

【請求項7】

推論対象画像を取得することと、

前記推論対象画像を訓練済みモデルに入力し、前記訓練済みモデルから推論結果を取得することと、

をコンピュータに実行させ、

前記訓練済みモデルは、畳み込みレイヤとプーリングレイヤとを交互に備える畳み込みニューラルネットワークから構成される、推論プログラム。

【書類名】要約書
【要約】
【課題】画像処理に適した新規な機械学習モデルを提供することである。
【解決手段】本発明の一態様は、推論対象画像を取得することと、前記推

論対象画像に対する推論結果を出力することと、をコンピュータに実行させる機械学習モデルであって、前記機械学習モデルは、畳み込みレイヤとプーリングレイヤとを交互に備える畳み込みニューラルネットワークから構成される、機械学習モデルに関する。
【選択図】図1
【図1】

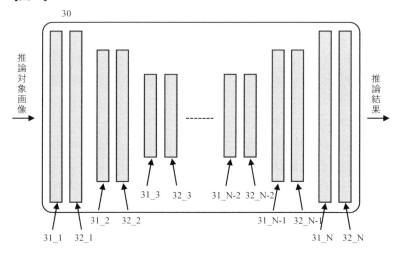

【図2】第3章p.81の【図2】と同一につき省略
【図3】第3章p.81の【図3】と同一につき省略

第9章 類型Ⅴ モデルアーキテクチャに関する発明

【図4】

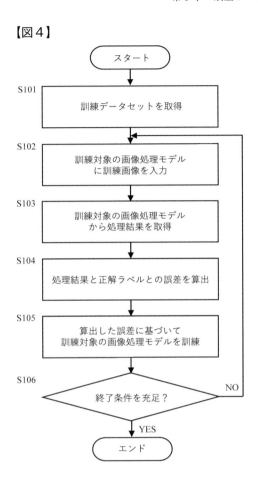

【図5】第3章 p.82の【図5】と同一につき省略

【図6】

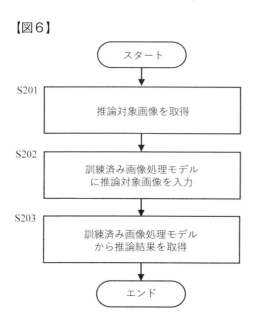

第10章
類型VI
生成モデルの利用に関する発明

1．生成モデルの利用に関する発明とは

　生成モデルの利用に関する発明は、OpenAIによって運営されているChatGPTなどに利用されるGPTベースの大規模言語モデル（LLM）など、インターネット上などで利用可能な生成モデルを利用する発明に関するものである。例えばChatGPTを利用した発明では、GPTモデルに入力されるプロンプトをどのように生成し、入力されたプロンプトに対してGPTモデルから、どのような推論結果を取得するかについて説明することになる。

　GPTモデルは既存の訓練済み機械学習モデルであるため、生成モデルの利用に関する発明では、GPTモデルをどのように訓練・生成するかに関する訓練処理の実施例を説明する必要はない。すなわち、生成モデルの利用に関する発明では、生成モデルは既存の機械学習モデルであり、利用する生成モデルがどのように訓練されるかについて明細書に開示しなくても、出願対象の発明を実施できるケースがほとんどである。このため、生成モデルの利用に関する発明では、生成モデルを利用した推論処理の実施例に着目して説明すればよい。

　一方、生成モデルの利用に関する発明では、GPTモデルに入力するプロンプトをどのように生成するかに関するプロンプト生成処理について説明することが必要となる。すなわち、推論処理における推論対象データから、生成モデルに入力されるプロンプトをどのように生成するかについて説明する必要がある。

　本章では、生成モデルの利用に関する発明について、どのようなクレームを記載することが適切であるか、また、どのような実施例を記載することが適切であるか説明する。

第10章　類型Ⅵ　生成モデルの利用に関する発明

２．生成モデルの利用に関する発明のクレームの書き方

（１）基本的な考え方

　生成モデルの利用に関する発明のクレームでは、プロンプトと呼ばれる生成モデルへの入力データからどのような出力データを生成してもらいたいかを指示する生成モデルに対する指示文の作成の仕方についてクレームを記載する。

図　生成モデルの利用に関する発明

推論対象データ → プロンプト生成 → プロンプト → 生成モデル → 生成結果

　典型的には、推論対象データからプロンプトを生成して生成モデルに入力し、生成モデルから推論結果を取得する推論装置、推論方法及び推論プログラム等の推論処理に関するクレームを記載することになる。実際上、推論装置は、パーソナルコンピュータ、スマートフォン、タブレットなどのユーザ端末であってもよく、この場合、推論プログラムは、ユーザ端末上で実行されるアプリケーション、アプリなどであり得る。あるいは、推論装置は、クライアント端末と通信接続されたサーバなどであってもよく、この場合、推論プログラムは、クライアント端末から推論対象データを取得したことに応答して、サーバ上で実行されるプロンプト生成を実行するプログラムであってもよい。

　このように、生成モデルの利用に関する発明のクレームでは、生成モデルに入力するプロンプトを生成し、生成モデルから推論結果を取得する推論装置等の推論処理に関するクレームの記載を検討してもよいと考える。

　なお、生成モデルの利用に関する発明では、生成モデルは自ら開発した機械学習モデルでなく、既存のGPTモデルなどの他者が開発・運営している生成モデルを利用しているケースがほとんどであるため、訓練装置、機械学習モデル等のクレームについては、典型的には記載する必要はないと考える。

他方、生成モデルを自ら開発している場合には、訓練装置、機械学習モデル等のクレームを記載することを検討してもよいと考える。

(2) 生成モデルの利用に関する発明のクレーム

生成モデルの利用に関する発明は、推論装置、推論方法、推論プログラムなどのクレームによって記載することを検討してもよいと考える。

生成モデルの利用に関する発明の推論装置のクレームは、典型的には、以下のように記載することができると考える。

【推論装置】
　ⅰ）推論対象データを取得する取得部と、
　ⅱ）前記推論対象データからプロンプトを生成するプロンプト生成部と、
　ⅲ）前記プロンプトを訓練済み生成モデルに入力し、前記訓練済み生成モデルから推論結果を取得するモデルインタフェース部と、
を有する、推論装置。

すなわち、発明特定事項ⅰ）は、プロンプトを生成するための情報ソースとなる推論対象データを取得することを記載している。

発明特定事項ⅱ）は、推論対象データから生成モデルに入力するプロンプトをどのように生成するかを記載する。例えば生成モデルがChatGPTを提供するGPTモデルである場合、GPTモデルに入力するテキストデータとしての質問文をどのように推論対象データから生成するか説明する。

発明特定事項ⅲ）は、推論装置と生成モデルとしての訓練済み生成モデルとのやり取りを記載している。本章で扱う訓練済み生成モデルは、ChatGPTなどに利用される既存の訓練済み機械学習モデルであり、典型的には、ChatGPTの運営主体のクラウド上のサーバなどにおいて実行される。モデルインタフェース部は、このようなサーバとのやり取りを担う。

3．生成モデルの利用に関する発明の実施例の書き方

（1）基本的な考え方

　生成モデルの利用に関する発明の実施例では、生成モデルに入力するプロンプトのプロンプト生成処理を主として説明する。例えばChatGPTを利用して各国の首都と主要産業とを調べる場合、ユーザ端末から推論対象データとして国名が提供されると、推論装置は、「〜の首都と主要産業は？」などのテキストベースのプロンプトを生成し、生成したプロンプトをGPTモデルに入力する。

　そして、推論装置は、GPTモデルから推論結果を取得すると、推論結果をユーザ端末に提供すること、などを説明するようにしてもよい。

　すなわち、生成モデルの利用に関する発明の実施例では、「推論対象データからどのようにプロンプトを生成するか記載する」という基本的な考え方が適用され得る。

（2）生成モデルの利用に関する発明の実施例

　生成モデルの利用に関する発明の実施例では、どのような生成モデルを利用するか、利用する生成モデルに対応してどのようなプロンプトを生成するか、生成したプロンプトに対して生成モデルから出力される推論結果をどのように利用するか、などを説明する。生成モデルの利用に関する発明は、ビジネスに利用されるケースが多く、ビジネス関連発明の範疇に属することが多い。このため、生成モデルの利用に関する発明の実施例もまた、ビジネス関連発明として記載されるケースが多いと考えられる。

4．生成モデルの利用に関する発明の仮想事例に対する特許明細書

　生成モデルの利用に関する発明の仮想事例として、顧客などからの問合せメールに対して問合せ内容を要約・整理し、担当部署の候補を提示するという仮想事例を考える。

　例えば電子商取引などでは、運営企業は顧客からメールなどによって多数の問合せを受け付ける。顧客からメールを受け付けると、運営企業は問合せ内容に応じて適切な部署に処理させる。一方、顧客から受け付けるメールの内容は、顧客によってフリーテキスト形式で記述されることが多い。従来は、メールの受付部署が全てのメールの問合せ内容を確認し、問合せ内容に応じて適切な部署に担当させていた。しかしながら、このようなメールによる問合せ内容を人手によって確認することは、人手がかかる作業であるとともに、夜間の問合せなどには迅速な対応が困難であるという課題があった。このため、出願対象の生成モデルの利用に関する発明として、メールの問合せ内容を要約・整理し、問合せを処理する担当部署の候補を提示させるプロンプトを生成し、生成したプロンプトを生成モデルに提供するという発明が考案された。

　ここでは、以下のような推論装置のクレームを記載する。

【推論装置】
　ⅰ）問合せメールを取得する取得部と、
　ⅱ）所定の書式に従って問合せメールの問合せ内容を要約及び整理し、所定の仕分けルールに従って前記問合せメールを仕分けるためのプロンプトを生成するプロンプト生成部と、
　ⅲ）前記プロンプトを訓練済み生成モデルに入力し、前記訓練済み生成モデルから推論結果を取得するモデルインタフェース部と、
を有する、推論装置。

　この場合、出願対象の発明に対して、以下のような明細書・図面を記載できる。

【書類名】明細書
【発明の名称】推論装置、推論方法及び推論プログラム
【技術分野】
　【0001】
　本発明は、推論装置、推論方法及び推論プログラムに関する。
【背景技術】
　【0002】
　昨今の生成モデルの普及によって、生成モデルをビジネスに利用する動きが加速している。
・・・・・・・・
【先行技術文献】
【特許文献】
　【00XX】特開20XX-123456号公報
　【特許文献1】
【発明の概要】
【発明が解決しようとする課題】
　【00XX】
　本発明の課題は、生成モデルを利用して顧客からの問合せ内容を整理し、適切な担当者に対応させるための技術を提供することである。
【課題を解決するための手段】
　【00XX】
　本発明の一態様は、問合せメールを取得する取得部と、所定の書式に従って問合せメールの問合せ内容を要約及び整理し、所定の仕分けルールに従って前記問合せメールを仕分けるためのプロンプトを生成するプロンプト生成部と、前記プロンプトを訓練済み生成モデルに入力し、前記訓練済み生成モデルから推論結果を取得するモデルインタフェース部と、を有する、推論装置に関する。
【発明の効果】
　【00XX】
　本発明によると、生成モデルを利用して顧客からの問合せ内容を整理し、

適切な担当者に対応させるための技術を提供することができる。
【図面の簡単な説明】
【00XX】
【図1】本発明の一実施例による問合せ対応処理を示す概略図である。
【図2】本発明の一実施例による推論装置のハードウエア構成を示すブロック図である。
【図3】本発明の一実施例による推論装置の機能構成を示すブロック図である。
【図4】本発明の一実施例による推論方法を示すフローチャートである。
【発明を実施するための形態】
【00XX】
以下、図面を参照して本開示の実施の形態を説明する。
【00XX】
［概略］
以下の実施例による問合せ対応処理を概略すると、図1に示すように、推論装置100は、電子商取引システムの顧客からの処理対象の問合せメールを取得すると、所定の書式に従って問合せメールの問合せ内容を要約及び整理するとともに、更に所定の仕分けルールに従って問合せメールを仕分けるためのプロンプトを生成する。そして、推論装置100は、生成したプロンプトを生成モデル30に入力し、生成モデル30から処理結果を取得する。

【00XX】
ここで、問合せ内容を要約及び整理するための所定の書式は、例えば問合せ内容を所定の字数に要約すること、また、問合せ内容を所定の項目に整理することなどを指示するものであってもよい。また、所定の仕分けルールは、例えば商品種別ごとの部署、決済部署、情報システム部署、配送部署などへの仕分けルールを記述したものであってもよい。
【00XX】
本実施例の問合せ対応処理によると、生成モデル30を利用して、顧客からの問合せメールの内容を要約・整理し、問合せメールを適切な候補部

署に仕分けることが可能となる。

【00XX】

ここで、推論装置100は、サーバ、パーソナルコンピュータ（PC）、スマートフォン、タブレット等の計算装置によって実現されてもよく、例えば図2に示されるようなハードウエア構成を有してもよい。すなわち、推論装置100は、バスBを介し相互接続されるドライブ装置101、ストレージ装置102、メモリ装置103、プロセッサ104、ユーザインタフェース（UI）装置105及び通信装置106を有する。

【00XX】

推論装置100における各種機能及び処理を実現するプログラム又は指示は、CD-ROM（Compact Disk-Read Only Memory）、フラッシュメモリ等の着脱可能な記憶媒体に格納されてもよい。当該記憶媒体がドライブ装置101にセットされると、プログラム又は指示が記憶媒体からドライブ装置101を介しストレージ装置102又はメモリ装置103にインストールされる。ただし、プログラム又は指示は、必ずしも記憶媒体からインストールされる必要はなく、ネットワークなどを介しいずれかの外部装置からダウンロードされてもよい。

【00XX】

ストレージ装置102は、ハードディスクドライブなどによって実現され、インストールされたプログラム又は指示とともに、プログラム又は指示の実行に用いられるファイル、データ等を格納する。

【00XX】

メモリ装置103は、ランダムアクセスメモリ、スタティックメモリ等によって実現され、プログラム又は指示が起動されると、ストレージ装置102からプログラム又は指示、データ等を読み出して格納する。ストレージ装置102、メモリ装置103及び着脱可能な記憶媒体は、非一時的な記憶媒体（non-transitory storage medium）として総称されてもよい。

【00XX】

プロセッサ104は、1つ以上のプロセッサコアから構成され得る1つ以上のCPU（Central Processing Unit）、GPU（Graphics Processing

Unit)、処理回路（processing circuitry）等によって実現されてもよく、メモリ装置103に格納されたプログラム、指示、当該プログラム若しくは指示を実行するのに必要なパラメータなどのデータ等に従って、推論装置100の各種機能及び処理を実行する。

【00XX】
ユーザインタフェース（UI）装置105は、キーボード、マウス、カメラ、マイクロフォン等の入力装置、ディスプレイ、スピーカー、ヘッドセット、プリンタ等の出力装置、タッチパネル等の入出力装置から構成されてもよく、ユーザと推論装置100との間のインタフェースを実現する。例えばユーザは、ディスプレイ又はタッチパネルに表示されたGUI（Graphical User Interface）をキーボード、マウス等を操作し、推論装置100を操作してもよい。

【00XX】
通信装置106は、外部装置、インターネット、LAN（Local Area Network）、セルラーネットワーク等の通信ネットワークとの有線及び／又は無線通信処理を実行する各種通信回路により実現される。

【00XX】
しかしながら、上述したハードウエア構成は単なる一例であり、本発明による推論装置100は、他のいずれか適切なハードウエア構成により実現されてもよい。

【00XX】
［推論装置］
次に、本発明の一実施例による推論装置100を説明する。図3は、本発明の一実施例による推論装置100の機能構成を示すブロック図である。図3に示されるように、推論装置100は、取得部110、プロンプト生成部120及びモデルインタフェース部130を有する。取得部110、プロンプト生成部120及びモデルインタフェース部130の各機能部は、推論装置100のメモリ装置103に格納されているコンピュータプログラムがプロセッサ104によって実行されることによって実現されてもよい。

【OOXX】

取得部 110 は、問合せメールを取得する[1]。具体的には、取得部 110 は、電子商取引システムの顧客から問合せメールを受け付け、受け付けた問合せメールをプロンプト生成部 120 に提供する。

・・・・・・・・・[2]

【OOXX】

プロンプト生成部 120 は、所定の書式に従って問合せメールの問合せ内容を要約及び整理し、所定の仕分けルールに従って問合せメールを仕分けるためのプロンプトを生成する[3]。具体的には、プロンプト生成部 120 は、問合せメールの問合せ内容をプロンプトに含めるとともに、所定の書式に従って問合せ内容を要約及び整理し、及び所定の仕分けルールに従って問合せメールを適切な担当部署にアサインするためのプロンプトを生成する。

・・・・・・・・[4]

【OOXX】

モデルインタフェース部 130 は、プロンプトを訓練済み生成モデル 30 に入力し、訓練済み生成モデル 30 から推論結果を取得する[5]。ここで、訓練済み生成モデル 30 は、いずれかの汎用言語モデルであってもよい。例えば推論結果は、問合せ内容の要約と、問合せ内容を所定の項目に箇条書きしたものと、仕分け先の部署などを含むものであってもよい。

・・・・・・・・[6]

【OOXX】

---

1 請求項1の「推論装置」の「問合せメールを取得する取得部」に対応する文言を記載する。
2 「取得部」による処理を実施可能な程度に記載する。
3 「推論装置」の「所定の書式に従って問合せメールの問合せ内容を要約及び整理し、所定の仕分けルールに従って前記問合せメールを仕分けるためのプロンプトを生成するプロンプト生成部」に対応する文言を記載する。
4 「プロンプト生成部」による処理を実施可能な程度に記載する。
5 「推論装置」の「前記プロンプトを訓練済み生成モデルに入力し、前記訓練済み生成モデルから推論結果を取得するモデルインタフェース部」に対応する文言を記載する。
6 「モデルインタフェース部」による処理を実施可能な程度に記載する。

上述した推論装置100によると、生成モデル30を利用して顧客からの問合せ内容を整理し、適切な担当者に対応させることができる。
【00XX】
　[推論方法]
　次に、本発明の一実施例による推論方法を説明する。図4は、本発明の一実施例による推論方法を示すフローチャートである。当該推論方法は、上述した推論装置100によって実現されてもよい。具体的には、当該推論方法は、推論装置100のメモリ装置103に格納されているプログラムがプロセッサ104によって実行されることによって実現されてもよい。
【00XX】
　図4に示されるように、ステップS101において、推論装置100は、問合せメールを取得する[7]。
・・・・・・・・・
【00XX】
　ステップS102において、推論装置100は、所定の書式に従って問合せメールの問合せ内容を要約及び整理し、所定の仕分けルールに従って問合せメールを仕分けるためのプロンプトを生成する[8]。
・・・・・・・・・
【00XX】
　ステップS103において、推論装置100は、プロンプトを訓練済み生成モデル30に入力し、訓練済み生成モデル30から推論結果を取得する[9]。
・・・・・・・・・
【00XX】

7　請求項2の「推論方法」の「問合せメールを取得すること」に対応する文言を記載する。
8　「推論方法」の「所定の書式に従って問合せメールの問合せ内容を要約及び整理し、所定の仕分けルールに従って前記問合せメールを仕分けるためのプロンプトを生成すること」に対応する文言を記載する。
9　「推論方法」の「前記プロンプトを訓練済み生成モデルに入力し、前記訓練済み生成モデルから推論結果を取得すること」に対応する文言を記載する。

上述した推論方法によると、生成モデル30を利用して顧客からの問合せ内容を整理し、適切な担当者に対応させることができる。
【00XX】
以上、本開示の実施例について詳述したが、本開示は上述した特定の実施形態に限定されるものではなく、特許請求の範囲に記載された本開示の要旨の範囲内において、種々の変形・変更が可能である。
【符号の説明】
【00XX】
　　30　　生成モデル
　　100　推論装置
　　110　取得部
　　120　プロンプト生成部
　　130　モデルインタフェース部

【書類名】特許請求の範囲
【請求項1】
　問合せメールを取得する取得部と、
　所定の書式に従って問合せメールの問合せ内容を要約及び整理し、所定の仕分けルールに従って前記問合せメールを仕分けるためのプロンプトを生成するプロンプト生成部と、
　前記プロンプトを訓練済み生成モデルに入力し、前記訓練済み生成モデルから推論結果を取得するモデルインタフェース部と、
　を有する、推論装置。
【請求項2】
　問合せメールを取得することと、
　所定の書式に従って問合せメールの問合せ内容を要約及び整理し、所定の仕分けルールに従って前記問合せメールを仕分けるためのプロンプトを生成することと、
　前記プロンプトを訓練済み生成モデルに入力し、前記訓練済み生成モデルから推論結果を取得することと、

をコンピュータが実行する、推論方法。
【請求項3】
　問合せメールを取得することと、
　所定の書式に従って問合せメールの問合せ内容を要約及び整理し、所定の仕分けルールに従って前記問合せメールを仕分けるためのプロンプトを生成することと、
　前記プロンプトを訓練済み生成モデルに入力し、前記訓練済み生成モデルから推論結果を取得することと、
　をコンピュータに実行させる、推論プログラム。

【書類名】要約書
【要約】
【課題】生成モデルを利用して顧客からの問合せ内容を整理し、適切な担当者に対応させるための技術を提供することである。
【解決手段】本発明の一態様は、問合せメールを取得する取得部と、所定の書式に従って問合せメールの問合せ内容を要約及び整理し、所定の仕分けルールに従って前記問合せメールを仕分けるためのプロンプトを生成するプロンプト生成部と、前記プロンプトを訓練済み生成モデルに入力し、前記訓練済み生成モデルから推論結果を取得するモデルインタフェース部と、を有する、推論装置に関する。
【選択図】図1

第10章　類型Ⅵ　生成モデルの利用に関する発明

【図1】

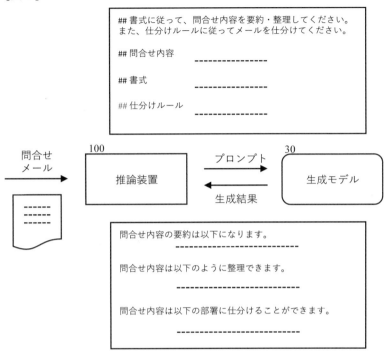

【図2】第3章p.81の【図2】と同一につき省略

【図3】

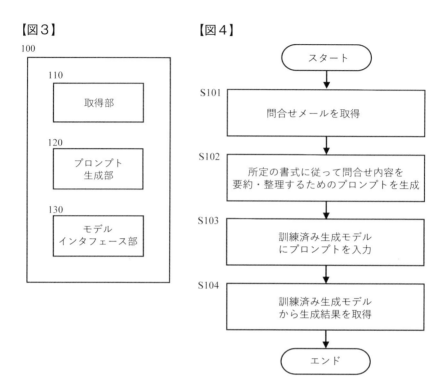

【図4】

事項索引

【数字】

2進数……………………………… 19

【アルファベット】

AI ……………………………………… 6
AI関連発明 ……… 2, 42, 46, 50, 52, 58
AIコア発明 ………………………… 4
AI適用発明 ………………………… 4
AIベンダー ……………… 53, 61, 91
AI利用発明 …………………… 138
ASIC ……………………………… 46
ChatGPT …………… 2, 6, 89, 98, 260
CPU …………… 35, 71, 122, 152, 168, 190, 218, 247, 267
ECU ……………………………… 47
Google …………………………… 2
GPT ……………………………… 2, 6, 98
GPU …………… 35, 71, 122, 152, 168, 190, 218, 247, 267
GPTモデル ………………… 2, 98, 260
ICT ……………………………… 176
ILSVRC ………………………… 3
ImageNet ……………………… 3
IoT ……………………………… 176
ITベンダー ……………… 53, 61, 91
Multi-Head Attention 機構………… 234
OpenAI ………………… 2, 88, 260

【あ行】

アノテーション ………………………… 9
アプリケーション ………………… 261
アルゴリズム ……………………… 19
位置エンコーダ ………………… 234
移動 ……………………………… 96, 206
エージェント …………………………… 9
演繹 ……………………………… 135
演算処理 ………………………… 20
重み付け係数 …………………… 65

【か行】

回帰分析 ………………………… 8
回転 ……………………………… 96, 206
過学習 …………………………… 3
学習 ……………………………… 9, 50
学術論文 ………………… 135, 204
拡大・縮小 …………… 206, 212, 220
画面遷移図 ……………………… 25
環境 ……………………………… 9
関数 ……………………………… 20, 42
機械学習 ………………………… 6, 9
機械学習の技術的特性 ……… 52, 84
機械学習モデル …… 7, 9, 42, 61, 110, 236
機械学習モデル自体のクレーム
 ……………………… 61, 110, 143, 235
記載要件 ………………………… 64
輝度変換 ………………………… 96, 206

機能構成図…………………… 25, 48	識別………………………… 7
機能的構成…………………… 23	次元削減手法………………… 9
機能部………………… 23, 26, 62	自然言語処理………………… 4
強化学習……………………… 9	実施可能要件………… 25, 92, 146
教師あり学習………………… 9, 10	実施例………………… 12, 24, 31, 58
教師データ…………………… 9	自動運転……………………… 47
教師なし学習………………… 9	自動車のソフトウエア化…… 47
業としての実施……………… 24	車両…………………………… 46
拒絶理由………… 92, 108, 113, 136, 146	主成分………………………… 9
クラスタ……………………… 9	主成分分析…………………… 9
クラスタリング……………… 9	出力データ…………… 18, 44, 59
クレーム………… 24, 30, 43, 50, 61	出力レイヤ…………………… 65
訓練…………………………… 11, 50	情報処理装置………… 17, 25, 42
訓練アルゴリズム…………… 11, 52, 100	情報処理方法………………… 24
訓練処理… 7, 11, 50, 52, 55, 58, 89, 100	情報通信技術………………… 176
訓練データ…………… 9, 60, 113	処理回路……………………… 16, 46
訓練データセット…………… 113, 206	処理手順……………………… 16
計算機………………………… 16	シングルエンティティルール…… 54
計算処理……………………… 16	人工知能……………………… 6
計算手順……………………… 19	深層学習………………… 2, 5, 8
決定木………………………… 8	深層学習モデル…… 2, 8, 43, 62, 96, 234
権利範囲……………………… 17, 53	推論結果………… 7, 10, 56, 106, 140, 179
工程…………………………… 62	推論処理
誤差逆伝播法………………… 11, 53	………… 7, 11, 42, 50, 52, 55, 58, 89, 138
コンピュータソフトウエア関連発明	推論対象データ…… 10, 56, 107, 138, 178
………………………… 16, 17, 29, 42	ステップ……………………… 62
	スマートフォン……………… 17
【さ行】	図面………………………… 12, 24
サーバ………………… 17, 25, 42	正解データ…………………… 9
サポートベクタマシン…… 4, 8, 64, 100	正解ラベル…………………… 9, 113
サポート要件………………… 25	生成 AI………………………… 89
閾値…………………………… 20, 42	生成モデル…………… 2, 98, 260

センタリング……………………… 220
装置クレーム………………… 23, 55, 62
ソフトウエア……………………… 16
ソフトウエアモジュール………… 62

【た行】

大規模言語処理…………………… 2
大規模言語モデル……………… 2, 260
第三次 AI ブーム………………… 2
タグ……………………………… 9
畳み込みニューラルネットワーク
　　　　　………………… 2, 97, 234
畳み込みレイヤ…………… 2, 97, 236
多変量解析……………………… 9
知識ベースモデル…………… 4, 100
中間データ……………………… 21
中間レイヤ……………………… 62
注釈……………………………… 9
直列的…………………………… 20
データ拡張…………… 89, 94, 206
デジタルデータ………………… 19
デジタルトランスフォーメーション… 2
手順…………………………… 18, 42
電子回路………………………… 46
特徴抽出…………………… 88, 93, 178
特徴量…………………………… 7
特定用途向け回路……………… 46
独立形式のクレーム…… 50, 102, 139
特許権………………………… 53
特許請求の範囲…………… 12, 17
特許明細書………………… 16, 50
トランスフォーマー……… 2, 97, 234

【な行】

ニューラルネットワーク…… 2, 62, 234
入力データ………………… 18, 44, 59
入力レイヤ……………………… 65

【は行】

パーソナルコンピュータ…… 17, 25, 42
ハードウエア構成図……… 25, 32, 46
ハードウエアリソース………… 23, 26
ハイパーパラメータ……………… 89
パターン………………………… 7
発明…………………………… 16, 24
発明該当性………………… 22, 64
発明特定事項……………… 23, 50, 65
パラメータ………………… 11, 53, 62
判定処理…………………… 16, 20, 42
反転…………………………… 220
汎用コンピュータ………… 16, 42
引数…………………………… 20
ビジネス関連発明……………… 176
非汎用コンピュータ…………… 46
ファジィ論理………………… 4, 100
プーリングレイヤ………… 2, 97, 236
ブラックボックス……………… 62
フローチャート………………… 25, 46
プログラム………… 6, 16, 28, 61, 64
プログラムクレーム………… 23, 64
プロンプト………………… 98, 260
分離超平面……………………… 8
分類…………………………… 8
並列的………………………… 20
変換規則………………… 20, 42

変換処理……………………… 16, 20, 42
変換テーブル………………… 21
方策…………………………… 9
報酬…………………………… 9
方法クレーム………………… 23, 62
補助的情報…………………… 21, 42

【ま行】

マイクロコントローラ……………… 46
前処理………………………… 89, 92, 178
明細書………………………… 12, 24
メタデータ…………………… 9
モデルアーキテクチャ… 62, 89, 96, 234

【や行】

予測…………………………… 7

【ら行】

ラベル………………………… 9
類型…………………………… 57, 84
類型化………………………… 57, 84
ルール………………………… 7
レイヤ構成…………………… 239
ロボット……………………… 46
ロボットアーム……………… 48
論文発明……………………… 135

あとがき

　本書では、機械学習が訓練処理と推論処理とから構成されるという技術的特性に鑑みて、AI関連発明を訓練処理に関する発明と推論処理に関する発明とに類型化し、各類型に適したクレームと実施例の書き方について述べた。さらに、昨今の機械学習技術の進化やChatGPTなどの生成AIの普及に伴って、他の類型のAI関連発明についても述べた。

　このように、本書では主として機械学習の技術的特性の側面からAI関連発明の特許明細書の書き方を提起している。一方、特許明細書は、本来的には効果的なAI関連発明の特許権を取得するため、審査実務、審査実績、特許権の利用実績等に関する情報の蓄積から記載されるべきものである。

　上述したような機械学習に特有の技術的特性のため、AI関連発明については従来の審査等に関する知識や情報を参考にするだけではカバーし得ない側面があると認識されている。また、AI関連発明は出願実績がまだ少なく、我々が参考にできる審査実績や特許権の利用実績等に関する情報も現状では限られている。一方、AI関連発明の特許出願件数は急激に増加しており、AI関連発明の特許明細書の書き方に関する知識や情報は多くの弁理士や知財関係者にとって急募であると推察される。このような背景の下、AI関連発明の特許明細書の書き方の一つのアプローチを提起するため本書を著すに至った。本書で提起したアプローチは現状では適切であると考えるが、今後の審査状況や判例等に対応して適宜補充修正する必要が生じると考えている。

　最後に、本書の内容は私が過去に担当させていただいた多数の案件を通じて得られた知識と経験に基づくものであり、まずはクライアントの方々に深く感謝申し上げたい。また、本書の書籍化を勧めてくれた木越力弁理士と、執筆開始から出版に至るまで様々な御支援をいただいた発明推進協会の原澤幸伸氏と入江佳由氏に、この場を借りて謝意を申し上げたい。

2024（令和6）年9月

弁理士　岩田　諭

著者紹介

岩田　諭（いわた さとし）

1992 年　慶應義塾大学経済学部卒
1999 年　会津大学大学院コンピュータ理工学研究
　　　　　科修士課程修了
2002 年　会津大学大学院コンピュータ理工学研究
　　　　　科博士課程満期退学
2007 年　弁理士登録

これまで AI、IoT やフィンテックを含む DX 関連発明の明細書を数多く手掛けている。近年、日本弁理士会等のセミナーで AI 関連発明の明細書作成に関するセミナーの講師を務め、好評を博している。

AI 関連発明の特許明細書の書き方
機械学習の技術的特性に応じたＡＩ関連発明の類型化と、各類型のサンプル明細書による実践ガイド

2024（令和 6）年 10 月 23 日　初　版　発行

著　者　岩田　諭
©2024　Satoshi IWATA
発　行　一般社団法人発明推進協会

発行所　一般社団法人発明推進協会
所在地　〒 105-0001　東京都港区虎ノ門 2-9-1
　　　　Tel　03-3502-5433（編集）　03-3502-5491（販売）

印刷・製本・デザイン　株式会社丸井工文社　Printed in Japan
乱丁・落丁本はお取り替えいたします。
ISBN978-4-8271-1409-6 C3032
本書の全部又は一部の無断複写・複製を禁じます（著作権法上の例外を除く。）。